中国民营经济
发展报告

No.15（2017–2018）

ANNUAL REPORT ON NON-STATE-OWNED ECONOMY

IN CHINA No.15(2017–2018)

中华全国工商业联合会

主编/高云龙

主审/徐乐江

2018版

中华工商联合出版社

图书在版编目(CIP)数据

中国民营经济发展报告. No. 15，2017—2018 / 高云龙主编. -- 北京：中华工商联合出版社，2019.6

ISBN 978-7-5158-2495-6

Ⅰ.①中⋯ Ⅱ.①高⋯ Ⅲ.①民营经济－经济发展－研究报告－中国－2017-2018 Ⅳ.①F121.23

中国版本图书馆CIP数据核字（2019）第 097115 号

中国民营经济发展报告 No.15（2017—2018）

主　　编：高云龙
主　　审：徐乐江
项目统筹：李红霞
责任编辑：马　燕　郑永杰
封面设计：周　琼
责任审读：李　征
责任印制：迈致红
出版发行：中华工商联合出版社有限责任公司
印　　刷：北京毅峰迅捷印刷有限公司
版　　次：2019年6月第1版
印　　次：2019年6月第1次印刷
开　　本：710mm×1000mm　1/16
字　　数：201千字
印　　张：12.25
书　　号：ISBN 978-7-5158-2495-6
定　　价：79.00元

服务热线：010-58301130
销售热线：010-58302813
地址邮编：北京市西城区西环广场A座
　　　　　19-20层，100044
http://www.chgslcbs.cn
E-mail: cicap1202@sina.com(营销中心)
E-mail: gslzbs@sina.com(总编室)

工商联版图书
版权所有　侵权必究

凡本社图书出现印装质量问题，请与印务部联系。

联系电话：010-58302915

编辑委员会

序 言

《中国民营经济发展报告No.15（2017—2018）》由全国工商联编写，是连续反映民营经济发展情况的文献资料类书籍。该书自2003年至今已出版发行15本，在社会上产生了重要影响。

2018年以来，受国内外多种因素叠加影响，许多民营企业生产经营遇到困难。以习近平同志为核心的党中央高度重视非公有制经济健康发展和非公有制经济人士健康成长。2018年10月20日，习近平总书记亲自给"万企帮万村"精准扶贫行动中受表彰的民营企业家回信，对民营企业积极承担社会责任、踊跃投身脱贫攻坚给予充分肯定，对民营企业家提出殷切希望。11月1日，习近平总书记主持召开民营企业座谈会，强调民营企业和民营企业家是我们自己人，民营经济是我国经济制度的内在要素，是我们党长期执政、团结带领全国人民实现"两个一百年"奋斗目标和中华民族伟大复兴中国梦的重要力量。各级各部门认真学习贯彻习近平总书记重要指示精神，围绕减轻企业税费负担、解决民营企业融资难融资贵问题、营造公平竞争环境、完善政策执行方式、构建"亲""清"新型政商关系、保护企业家人身和财产安全等出台了一系列政策措施，有力提振了民营企业家发展信心。

本书以习近平新时代中国特色社会主义思想为指导，深入贯彻党的十九大精神，紧紧围绕促进非公有制经济健康发展和非公有制经济人士健康成长主题，力图真实、全面反映我国民营经济在新时代的发展现状和特点，对存在的问题进行深入分析并提出对策建议。共分两个部分，一是5份专题报告，二是7份区域报告和5份省区报告。希望本书能为了解中国民营经济发展情况提供参考。

该书的编写得到了政府有关部门、社会研究机构和各级工商联组织的大力支持与帮助，在此表示感谢！

高云龙

2019 年 5 月 14 日

目 录

专 题 报 告

区 域 报 告

专 题 报 告

2017年全国私营企业、
个体工商户发展基本情况

国家市场监督管理总局登记注册局

摘要：2017年，私营企业发展势头良好，截至2017年12月底，全国实有私营企业共2 726.28万户，较上年同期增长18.06%。2017年，全国新登记私营企业569.95万户，较上年同期增长9.01%。私营企业占市场主体的绝对多数，是经济持续稳定增长的基础，是社会稳定的基石。实有个体工商户6 579.37万户，同比增长10.95%，新登记个体工商户1 289.79万户，同比增长20.66%。个体工商户占我国各类市场主体的六到七成，所占比例在缓慢下降，个体工商户和私营企业是我国市场主体的主要组成部分。

关键词：私营企业　个体工商户　发展情况

一、全国私营企业、个体工商户发展概述

（一）私营企业发展主要特征

第一，私营企业占市场主体的绝对多数，是经济持续稳定增长的基础，是社会稳定的基石。私营企业在全国企业总数的比重不断上升，已达到89.87%，2017年新登记私营企业在新登记企业总体中的比重甚至达到93.84%。但是，2017年新登记私营企业增长率近5年来首次低于10%（9.01%）。

第二，私营企业的发展是营商环境的晴雨表。从地区分布看，2017年新登记私营企业数量排在前三位的地区为广东省（84.35万户）、江苏省（48.57万户）、山东省（47.59万户），这些地区经济较发达，各方面资源要素比较充足，市场活跃度、开放度较高。而宁夏（2.92万户）、青海（1.5万户）、西藏（1.19万户）等相对欠发达的西部地区，新登记私营企业数量排在全国后三位。

（二）个体工商户发展主要特征

第一，个体工商户占我国各类市场主体的六至七成，所占比例在缓慢下降，个体工商户和私营企业是我国市场主体的主要组成部分。2017年实有个体工商户6 579.37万户，占所有市场主体的比重是67.04%，私营企业比重是27.78%，两者相加达到94.82%；1992年，个体户占所有市场主体的比重是71.73%，而私营企业的比重仅为0.65%，两者相加是72.38%；2016年个体户占总量的68.12%，私营企业占26.53%，两者相加达到94.65%。

第二，商事制度改革以来，个体工商户每年新登记数总体呈上升趋势，增长速度有波动。2013—2017年，平均增长率为11.07%，低于私营企业在这段时期的平均增长率（私营企业是25.87%）。但2017年超过私营企业的增长率，个体户是20.66%，私营企业是9.01%；2016年个体是5.73%，私营企业是24.14%。

第三，2017年新登记个体工商户主要从事第三产业，有1 167.91万户，都是与人民日常生活息息相关的行业，占个体工商户总量的90.55%。具体是批发和零售业，占五成（50.78%）；住宿和餐饮业，占近两成（19.42%）；居民服务、修理和其他服务业，占一成（11.10%），这三个行业合计占总量的八成（81.3%）。

第四，2017年新登记个体工商户的地区分布情况是：东部地区占四成左右（40.88%）；中部和西部都占两成多（中部23.18%，西部27.64%）；东北不到一成（8.30%）。从省份分布看，主要集中在广东、山东、江苏，各占全国总量的8.07%、7.68%、7.68%，三省合计近1/4（23.43%）。而占比在后三位的省份是上海、西藏、北京，各占全国总量的0.47%、0.31%、0.13%，三省份合计是0.91%。另外，上海、北京这两个一线城市的私营企业占全国总量的

8.07%（上海4.9%、北京3.17%），也是全国仅有的两个私营企业新登记数大于个体工商户新登记数的省级地区（北京是11：1，上海是5：1）。

二、私营企业发展基本情况

（一）总体发展态势

2017年私营企业发展势头良好，截至2017年12月底，全国实有私营企业共2 726.28万户，较2016年同期增长18.06%。2017年全国新登记私营企业569.95万户，较2016年同期增长9.01%，新登记私营企业增长率近5年来首次低于10%。自2014年以来，我国实有及新登记私营企业增长速度有所放缓，但实有私营企业增速依然维持在较高水平。

从全国企业发展的整体情况来看，自1992年以来，私营企业在全国企业总数中的比重不断上升，从2.31%增长到了89.87%；新登记私营企业在新登记企业总体中的比重也保持在92%以上，2017年度达93.84%。我国市场改革进程正不断深化，私营企业已经成为我国经济发展中的重要力量。

从行业分布来看，私营企业实有数量占企业总体占比前三位的行业分别为农、林、牧、渔业，建筑业，文化、体育和娱乐业，其占比分别为94.09%、93.30%和92.83%。私营企业占比最低的三个行业分别为金融业，电力、热力、燃气及水生产和供应业，采矿业，其中金融业的私营企业占比仅为37.62%。2017年新登记企业中，私营企业总体占比最高的三个行业分别为制造业、建筑业、批发和零售业，其占比分别为96.46%、96.00%、95.66%；私营企业总体占比最低的三个行业分别为卫生和社会工作，电力、热力、燃气及水生产和供应业，金融业。

（二）各类型发展情况

截至2017年12月底，全国各类型私营企业中有限责任公司数量最多，为2 397.84万户，占私营企业总量的87.95%，同比增长20.14%；其次为个人独资企业，企业数量为258.58万户，占私营企业总量的9.48%，同比增长2.16%；合伙企业数量为55.58万户，占私营企业总量的2.04%，同比增长16.59%；

股份有限公司数量最少，为14.28万户，占私营企业总量的0.52%，同比增长14.07%。

（三）行业发展情况

截至2017年12月底，除其他类外，新登记私营企业数量排在前三位的行业是批发和零售业，租赁和商业服务业，科学研究和技术服务业。其新登记私营企业数量分别为190.46万户、87.09万户、53.18万户，总体占比分别为33.42%、15.28%、9.33%。新登记私营企业数量排在后三位的行业为水利、环境和公共设施管理业、卫生和社会工作、采矿业。2017年新登记私营企业增长率排在前三位的行业分别为建筑业、卫生和社会工作、房地产业，分别较上年增长47.24%、34.95%、33.87%；采矿业，农、林、牧、渔业，金融业的新登记私营企业出现了负增长。

（四）地区分布情况

截至2017年12月底，新登记私营企业数量排在前三位的地区是广东省、江苏省、山东省，其新登记私营企业数量分比为84.35万户、48.97万户、47.59万户，各占全国新登记私营企业总量的14.80%、8.59%、8.35%；新登记私营企业数量排在后三位的地区为宁夏回族自治区、青海省、西藏自治区。

2017年新登记私营企业增长率排在前三位的地区分别为陕西省、浙江省、辽宁省，分别较上年增长41.39%、29.33%、28.89%；北京市、青海省、重庆市等11个省份的新登记私营企业数量出现了负增长。

三、个体工商户发展基本情况

（一）总体发展态势

2017年实有个体工商户6 579.37万户，与2016年实有个体工商户户数相比增长10.95%，占实有各类市场主体总数的67.04%；1992年，这个比例是71.73%；2016年这个比例是68.12%。2013—2017年，实有个体工商户户数呈现上升趋势；实有个体工商户户数同比增长率在2014—2015年有所下降，在

2015—2017年不断上升。

2017年新登记个体工商户1 289.79万户，与2016年新登记个体工商户户数相比增长20.66%。2013—2017年，新登记个体工商户户数呈现上升趋势。新登记个体工商户户数同比增长率在2014—2015年上升，在2015—2016年下滑，在2016—2017年大幅上升。

（二）产业和行业发展情况

从产业分布来看，在2017年新登记的个体工商户中，第一产业有46.49万户，在所有个体工商户中占比3.60%，与去年同期相比增长16.72%。第二产业有75.38万户，占比5.84%，同比增长26.06%。第三产业有1 167.91万户，占比90.55%，同比增长20.49%。

从行业分布来看，2017年新登记的个体工商户中，批发和零售业户数最多，有654.94万户，占个体工商户总量的50.78%，与上年同期相比增长11.86%；其次是住宿和餐饮业，有250.47万户，占比19.42%，同比增长29.75%；再次为居民服务、修理和其他服务业，有143.15万户，占比11.10%，同比增长24.69%。除了排名前三位的行业以及制造业占比5.31%以外，其他行业占比都小于5%。

（三）地区分布情况

从地区[①]分布来看，2017年东部地区新登记个体工商户有527.30万户，占全国比重的40.88%，同比增长18.63%。中部地区为299.01万户，占比23.18%，同比增长14.00%。西部地区为356.48万户，占比27.64%，同比增长31.12%。东北地区107.01万户，占比8.30%，同比增长18.49%。

从省份分布来看，2017年新登记个体工商户数量排名前三位的省份分别是广东、山东、江苏，其数量分别为104.10万户、99.07万户、99.05万户，

---

① 东北地区包括：黑龙江省、吉林省、辽宁省。东部地区包括：北京市、天津市、上海市、河北省、山东省、江苏省、浙江省、福建省、广东省、海南省。中部地区包括：山西省、河南省、湖北省、安徽省、湖南省、江西省。西部地区包括：内蒙古自治区、新疆维吾尔自治区、宁夏回族自治区、陕西省、甘肃省、青海省、重庆市、四川省、西藏自治区、广西壮族自治区、贵州省、云南省。

各占全国总量的8.07%、7.68%、7.68%，同比分别增长26.88%、10.50%、27.65%。新登记个体工商户数量排名后三位的省份分别是上海、西藏、北京，其数量分别为6.06万户、3.94万户、1.70万户，各占全国总量的0.47%、0.31%、0.13%，同比分别增长19.07%、24.84%、−28.95%。除了北京、内蒙古和甘肃以外，其他省份均实现了正增长。

拟稿人：吴　凡
审稿人：袁　玲

2017年民营上市公司研究

孙卜雷　崔晓玲

摘要：截至2017年年底，民营上市公司数量达2 114家，较去年增加372家；至2018年6月底，民营上市公司数量达2 162家，比2017年增加48家。在经济增长态势有所放缓、面临不少内外部挑战的背景下，民营上市公司2017年实现营业总收入和利润的快速增长，营业总收入达8.4万亿元，比2016年增长了26.2%，好于全部A股上市公司平均水平；利润总额达7 474.1亿元，比2016年增长了16.1%。随着供给侧结构性改革的深入，及中美贸易战的开启，民营上市公司的结构性调整逐渐显现。

关键词：民营上市公司　营业总收入　利润总额　净资产收益率

2017年，全球经济在多项压力与挑战中，实现了自2011年以来的最快增长，增速达到3%。多数国家劳动力市场持续改善，美国失业率从1月的4.8%降低至12月的4.1%，欧元区失业率从1月的9.6%降低至12月的8.6%，日本失业率从1月的3%降低至12月的2.8%，中国登记失业率从一季度的3.97%降低至四季度的3.9%，俄罗斯失业率从1月的5.6%降低至12月的5.1%，印度尼西亚的失业率则从2月的5.33%提升至8月的5.5%。全球贸易增速明显回升，根据世界贸易组织（WTO）的数据，世界货物出口总额从2016年的16.03万亿美元增长至2017年的17.73万亿美元，增长率也从2016年的负增长扭转为2017年10.61%的增长。

2018年上半年，全球经济形势虽较2017年有所弱化，但整体仍延续近几年的复苏态势。美国经济在减税等一系列政策措施刺激下，经济增长强劲，失业率持续下降，"缩表"、加息同步提速，全球资金回流美国的趋势正在形成。欧元区经济表现依然良好，6月的失业率为8.2%，处于危机后低点，货币政策趋于中性，欧洲央行已经决定2018年年底将正式退出QE。英国受制于脱欧及相关不确定性因素的影响，经济增速放缓至5年以来最慢水平，但就业率创历史新高，国内通胀压力逐步形成，货币政策持续收紧，对英国脱欧不确定性影响的担心有所弱化。个别新兴经济体经济发展仍然向好。印度2018年一季度及二季度GDP增速分别为7.74%和8.2%。俄罗斯经济增长继2017年由负转正之后，2018年二季度增长1.9%。巴西经济也在2017年恢复正增长，2018年二季度增长1.03%。

随着世界经济的持续复苏，中国经济在对外应对贸易摩擦、对内防范化解重大风险的背景下，保持平稳运行。2018年上半年中国GDP同比增长6.8%；CPI同比上涨2.0%；规模以上工业增加值同比实际增长6.7%；全国社会消费品零售总额同比实际增长7.4%；在中美贸易摩擦预期下，很多企业出口需求提前释放，上半年出口（美元计价）同比增长12.7%，比去年同期上升5个百分点；固定资产投资名义增速6%，在去除价格因素后可能处于近年较低水平。

对于民营上市公司来说，虽然2017—2018年中国宏观经济增长态势趋缓，但是民营经济的发展仍延续了前一段时间的增长态势。党的十九大提出"我国经济已由高速增长阶段转向高质量发展阶段"，但也存在着经济转型、制度调整、市场准入、资金融通、治理局限等多方面的内外部挑战，民营企业如何高质量发展仍是待解之题。

一、规模与成长性

自2010年以来，民营上市公司快速扩张，2017年新增民营上市公司数量372家。值得一提的是，由于个别公司上市造假及上市后业绩表现较差等，进入2017年四季度后，IPO审核趋严，民营上市公司的扩张步伐也明显放缓。2017年四季度起，至2018年上半年末，新增民营上市公司118家，其中2018年上半年新增数量48家。

虽然宏观经济增幅收窄，但民营上市公司的业绩仍实现了快速增长。2 162家民营上市公司2017年实现营业总收入8.4万亿元，比2016年增长了26.2%；实现利润总额7 474.1亿元，比2016年增长了16.1%。

（一）上市步伐放缓

2014年以来，民营企业保持了较为快速的上市步伐，占A股上市公司数量的比重进一步提升。截至2018年6月30日，民营上市公司数量达到2 162家，比2017年增加48家，2017年和2016年分别增加372家和180家（见表1）。

表1 历年民营上市公司数量及占比

单位：家、%

年份	新增民营上市数量	累计民营上市数量	民营占A股比重
1990年	3	3	42.9
1991年	1	4	36.4
1992年	11	15	35.4
1993年	23	38	25.8
1994年	29	67	27.0
1995年	7	74	27.8
1996年	63	137	30.3
1997年	59	196	30.1
1998年	28	224	29.9
1999年	24	248	29.4
2000年	53	301	30.6
2001年	25	326	30.5
2002年	18	344	30.3
2003年	23	367	30.5
2004年	41	408	31.4
2005年	8	416	31.7
2006年	32	448	32.5
2007年	66	514	34.2
2008年	53	567	35.9
2009年	73	640	38.1
2010年	273	913	45.2
2011年	241	1 154	50.2
2012年	119	1 273	51.9
2013年	1	1 274	51.9
2014年	100	1 374	53.3
2015年	188	1 562	55.8
2016年	180	1 742	57.5
2017年	372	2 114	61.0
2018年上半年	48	2 162	61.3

数据来源：Wind

2008年后，民营上市公司扩张势头加快，数量占全部A股上市公司的比重从2008年的35.9%上升到2017年的61.0%，到2018年上半年民营公司上市数量占A股上市公司的比重进一步提升到61.3%。

为有效防止一些绩差公司和问题公司上市，未来IPO审核仍会保持从严态势，注重提升上市企业质量，同时并购重组审核也会趋紧。受此影响，未来民营企业上市步伐会有所减缓。但民营企业质量在整体上不断提升，随着市场经济条件的改善和相关法律法规的不断规范，并考虑到政府对民营经济发展的支持态度，预计未来相当长一段时间内民营企业仍有望保持每年100家左右的上市速度。

（二）2017年民营上市公司市值① 稳步上升，但占A股比重小幅下降

近几年民营上市公司市值稳步增长，但占整个A股市值的比重在2017年略有下降，2018年恢复上涨态势。截至2018年6月30日，民营上市公司市值共19.5万亿元，占整个A股市值比重为35.45%，较2011年提升了16.82个百分点（见图1）。

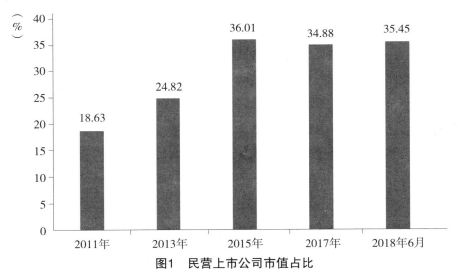

图1 民营上市公司市值占比

数据来源：Wind

---

① 总市值为上市公司的股权公平市场价值。对于一家多地上市公司，区分不同类型的股份价格和股份数量分别计算类别市值，然后加总。

其中，龙头民营上市公司的市值在持续扩大。截至2018年6月30日，有12家民营上市公司的流通市值超过1 000亿元，他们分别是美的集团、恒瑞医药、海天味业、顺丰控股、三六零、宁德时代、苏宁易购、洛阳钼业、比亚迪、温氏股份、康美药业和复星医药，其中美的集团的市值已经超过了3 000亿元。

（三）营业总收入持续快速增长

2017年，民营上市公司营业总收入延续了2016年的快速增长态势。2 162家民营上市公司2017年共实现营业总收入8.4万亿元，同比增长26.20%，领先A股上市公司2017年营业总收入增速7.3个百分点。2018年上半年，民营上市公司实现营业总收入12.6万亿元，同比增长19.58%（见图2）。

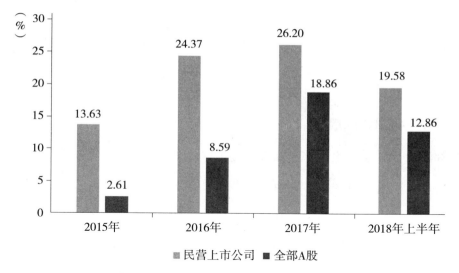

图2　2015—2018年民营上市公司营收增长

数据来源：Wind

美的集团、苏宁易购和广汇汽车仍占据民营上市公司营业总收入三甲的位置， 2017年分别实现营业总收入2 419.2亿元、1 879.3亿元和1 607.1亿元，分别实现了51.3%、26.5%和18.7%的营收增长（见表2）。美的集团之所以实现营收高速增长，除了暖通空调、消费电器及智能供应链等既有业务部分快速增长以外，库卡机器人、东芝白电等并购业务也贡献了大量营收，其中库卡2017年实现营收267.63亿元。

按照2018年民营企业500强的入围门槛156.84亿元，目前有99家民营上市公司可以入围，较去年增加3家。

表2　2017年营业总收入排名前10的民营上市公司

单位：亿元、%

排名	公司名称	所属行业	营业总收入	营收增长
1	美的集团	家用电器	2 419.2	51.3
2	苏宁易购	商业贸易	1 879.3	26.5
3	广汇汽车	汽车	1 607.1	18.7
4	比亚迪	汽车	1 059.1	2.4
5	远大控股	商业贸易	1 015.3	34.0
6	长城汽车	汽车	1 011.7	2.6
7	九州通	医药生物	739.4	20.1
8	上海钢联	传媒	737.0	78.5
9	顺丰控股	交通运输	710.9	23.7
10	荣盛石化	化工	705.3	55.0

数据来源：Wind

（四）利润增速放缓

如图3所示，2017年民营上市公司业绩保持增长，但由于受到国内竞争日

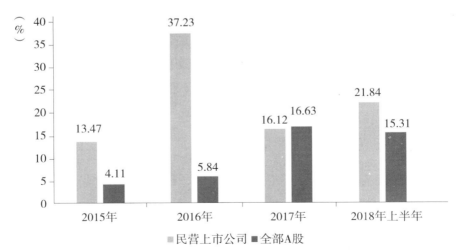

图3　2015—2018年民营上市公司利润增长

数据来源：Wind

益激烈、国际形势不确定性增强等多重因素影响，增速有所放缓。2017年，民营上市公司实现利润总额7 474.1亿元，比2016年增长了16.12%，增速较2016年明显回落，与同期全部A股利润总额增速相近。2018年上半年，民营上市公司利润增速为21.84%，有提升的趋势。

2017年利润总额排名前三位的是美的集团、华夏幸福和新城控股，分别实现利润总额218.5亿元、128.0亿元和83.7亿元，利润总额分别增长15.5%、42.6%和95.1%（见表3）。美的集团长年占据民营上市公司营收和利润的榜首，业绩一直非常稳定，受到2017年上半年房地产市场回暖对家电行业的带动以及自身处于行业龙头地位，2018年业绩继续保持平稳。华夏幸福凭借其产业新城模式，近几年一直保持20%以上的业绩增速，2017年更是得益于房地产行业的整体平稳发展，业绩增速超过40%。新城控股业绩大增的重要原因是三四线城市房地产市场的量价齐升。

表3 2017年利润排名前10的民营上市公司

单位：亿元、%

排名	公司名称	行业	利润总额	利润增长
1	美的集团	家用电器	218.5	15.5
2	华夏幸福	房地产	128.0	42.6
3	新城控股	房地产	83.7	95.1
4	荣盛发展	房地产	80.2	40.2
5	温氏股份	农林牧渔	70.9	−42.7
6	顺丰控股	交通运输	65.0	25.3
7	长城汽车	汽车	62.3	−50.1
8	美凯龙	商业贸易	59.9	24.7
9	健康元	医药生物	57.2	403.1
10	广汇汽车	汽车	57.5	44.6

数据来源：Wind

在利润排名前10的民营上市公司中，主要集中于汽车和房地产两大产业。相较于2016年，房地产业民营上市公司的业绩增长明显，汽车产业民营上市公司由于汽车购置税优惠力度的减弱，业绩增速有所下滑。

二、行业分布特征[①]

本文的行业分类参照申万对于上市公司的分类标准，共包含采掘、化工、钢铁、有色金属、建筑材料、建筑装饰、电气设备、机械设备、国防军工、汽车、家用电器、纺织服装、轻工制造、商业贸易、农林牧渔、食品饮料、休闲服务、医药生物、公用事业、交通运输、房地产、电子、计算机、传媒、通信、银行、非银金融和综合共28个一级行业。

从营业总收入看，汽车、化工、医药生物、商业贸易和电子排名占优，这5个行业的营业总收入均超过5 500亿元；从利润总额看，医药生物、房地产、化工、汽车和电气设备排名靠前，利润总额均在400亿元以上；从上市公司数量看，机械设备、化工、医药生物、电子、电气设备和计算机排名靠前，均有超过140家民营上市公司。

（一）周期性行业业绩增长较好

继2016年利润增长表现突出后，2017年，周期性行业利润总额增速仍排名靠前，钢铁、有色金属、机械设备、建筑材料、采掘分别以260.5%、107.6%、71.0%、43.6%、42.4%的利润总额增长位居前五（见图4）。同时，从营业总收入增速来看，这5个行业在28个一级行业中排名前十。

2017年，全球经济的持续复苏带来了经济需求的提升，拉动工业品出口平稳增长。同时，工业去产能工作的深入推进，推动钢铁、有色金属、水泥等工业品价格明显回升，进而带动相关行业利润增长。2017年全年，PPI由2016年的下降1.4%转为上涨6.3%，结束了自2012年以来连续5年的下降态势（见图5）。

2018年以来，受贸易摩擦影响，工业品出口面临的环境不乐观，价格涨幅也有所回落，上半年PPI同比上涨3.9%。2018年上半年，这5个周期性行业中，除建筑材料外，其余行业利润增速均有所下降，分别为：钢铁121.8%、有色金属69.5%、机械设备15.5%、建筑材料54.3%、采掘37%（见图4）。这反映出周期性行业业绩增长的可持续性并不明朗。

---

① 在2015年及以前的民营上市公司研究报告中，我们主要参照证监会对上市公司的分类标准，由于这种分类较粗，不容易发现细分行业的一些特点，所以本文采用了申万行业分类。

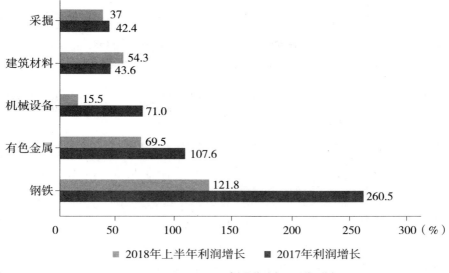

图4　2017至2018年周期行业利润增长

数据来源：Wind

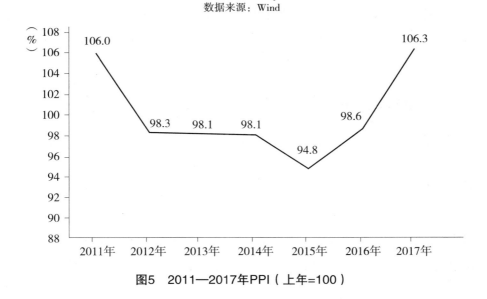

图5　2011—2017年PPI（上年=100）

（二）其他一些行业特点

由表4可见，2017年业绩出现下滑的行业数量较2016年明显增多，其中传媒、农林牧渔、通信行业利润总额降幅均超过30%。

传媒行业整体盈利能力下滑。2008年至2016年传媒行业整体业绩一直保持高速增长，但从2016年开始，由于受互联网媒体的冲击及并购重组监管趋严等多方面因素影响，行业整体增速明显放缓，2017年利润总额在全部28个一级行业中跌幅最大。

农林牧渔业受畜禽价格下行影响，2017年利润总额同比下降39.6%，2018年上半年同比下降30.6%。

非银金融业业绩在2017年表现平稳，但进入2018年以来，受贸易摩擦及信用风险爆发等事件影响，股市下跌，非银金融业业绩也出现明显下滑。2018年上半年非银金融业利润总额同比跌幅达27.9%。

汽车行业业绩低迷。2000年至2010年，我国汽车行业基本维持两位数的高增长趋势。2010年之后，汽车产能出现过剩，产销增速开始回落，汽车行业开始个位数增长。2016年受到购置税减半政策的带动，汽车销量增速重回两位数增长，汽车行业民营上市公司利润总额增速达34%。2017年，购置税优惠力度下降，致使汽车整体销量低迷，汽车行业民营上市公司利润总额同比降低6%。2018年销量增速持续放缓，上半年利润总额同比降幅为5.8%（见表4）。

三、地区分布特征

东部地区的广东、浙江、江苏、山东，以及北京和上海构成了民营上市公司的第一梯队省（区、市），上市的民营企业均超过了100家，是民营上市公司的核心与支柱。第二梯队则是以中部地区为代表的安徽、湖南、湖北、河南，再加上东部的福建和西部的四川，上市的民营企业为40~80家。第三梯队则集中在西部和东北地区，上市的民营企业在40家以下。全国31个省（区、市）中，共8个业绩表现较2016年好，其中有5个省（区、市）位于西部地区。

（一）西部地区业绩增长突出

西部地区的甘肃、宁夏回族自治区、内蒙古自治区和中部地区的山西、江西，2017年利润总额增速位列前五，新疆维吾尔自治区、广西壮族自治区、四川省均排名前十。

表4 2017年民营上市公司各行业营业总收入和利润

单位：亿元、%

行业	家数	营业总收入	营收增长	利润总额	利润增长
汽车	114	8 052.9	15.2	493.7268	−6.0
化工	211	7 820.0	35.3	653.1727	34.9
医药生物	208	6 537.3	25.8	992.607	31.8
商业贸易	40	6 466.3	17.8	230.8411	36.1
电子	152	5 522.5	39.1	376.6834	−3.6
房地产	51	4 463.3	4.4	716.3493	16.1
电气设备	146	4 380.0	22.9	406.7049	4.4
交通运输	34	4 057.7	32.3	243.1041	10.5
家用电器	45	3 998.1	41.1	355.649	14.5
农林牧渔	56	3 512.9	11.2	192.3273	−39.6
机械设备	231	3 414.4	42.2	350.337	71.0
有色金属	73	3 161.1	41.2	336.0304	107.6
轻工制造	95	2 996.7	25.9	312.8241	38.6
传媒	94	2 912.4	24.7	121.768	−56.1
建筑装饰	76	2 578.9	20.9	226.4824	28.5
计算机	146	2 495.2	36.8	273.9578	32.2
纺织服装	69	1 939.8	24.0	221.3374	20.2
通信	76	1 736.0	26.8	100.768	−37.9
非银金融	18	1 245.1	41.3	174.9662	32.5
公用事业	56	1 204.0	36.6	163.4974	13.1
食品饮料	45	1 176.9	11.5	158.9322	5.7
建筑材料	44	1 124.7	38.8	115.0597	43.6
采掘	22	1 021.4	57.3	64.7975	42.4
钢铁	8	796.4	51.1	100.1384	260.5
综合	21	499.5	10.1	38.4849	30.3
休闲服务	14	295.4	17.2	33.8984	−1.3
国防军工	17	122.1	15.3	19.675	34.4

数据来源：Wind

具体而言，2017年甘肃省民营上市公司共17家，实现营业总收入444.4亿元，同比增长29.3%，较2016年增幅提高8.9个百分点；实现利润总额89.8亿元，同比增长234.3%，在全部省（区、市）中位列第一。

四川省民营上市公司数量稳步上升，2017年达到74家，实现营业总收入2 497亿元，同比增长11.9%；实现利润总额246.4亿元，同比增长30.5%，增幅较2016年提高12.6个百分点。

西部地区在2017年业绩增长突出主要有两方面的原因。一方面，"一带一路"建设的深入实施，带动西部地区贸易迅速增长。2017年，西部地区与"一带一路"参与国家进出口总额为1 434.2亿美元，较2016年增长15.6%，占全国与"一带一路"参与国家进出口总额的10%。其中，进口额增长尤为强劲，同比增长53.3%。另一方面，随着农村电商的发展和智慧物流的普及，西部省（区、市）的消费需求潜力得到有效的激发和释放，电商销售、电商消费进入了发展快车道。根据阿里巴巴集团发布的《2017中国数字经济发展报告》，甘肃省电商销售增速位列全国第一。2017年前11个月，西藏自治区及陕西、贵州等多个省（区、市）跻身"人均消费增长最快"TOP10榜单。

（二）东部地区2017年业绩较2016年低迷

东部地区民营上市公司的数量、营业总收入、利润总额都有较大增长，占全部民营上市公司的比重也明显提高，其民营上市公司数量占比达74.56%，其营业总收入占比约为73.46%，利润总额占比为72.74%。从利润总额角度看，2017年，除江苏省外，东部其他地区民营上市公司利润总额增速较2016年均有所回落。其中北京民营上市公司利润总额同比减少32.8%。

具体而言，广东是民营上市公司数量、营业总收入、利润总额均最多的省份。民营上市公司数量为404家，2017年实现营业总收入17 995.6万亿元，比2016年增长29.2%，增速比2016年回落0.9个百分点，实现利润总额1 485.2亿元，比2016年增长12.3%，增速比2015年大幅回落27.8个百分点。

江苏的利润增长最快。江苏的民营上市公司有293家，2017年实现营业总收入11 708.6万亿元，比2016年增长27.4%，增速比2016年上升9个百分点，实现利润总额935亿元，比2016年增长31.2%，增速比2016年上升3.5个百分点。

北京的民营上市公司数量有所提升，但由于受到乐视网174.6亿元亏损的影响，利润下滑明显。民营上市公司有160家，2017年实现营业总收入4 394.5亿元，比2016年增长15.9%，增速比2016年回落11.3个百分点，实现利润总额295.8亿元，比2016年减少32.8%（见表5）。

表5 2017年民营上市公司省（区、市）分布状况

单位：家、亿元、%

省（区、市）	企业数	营业总收入	2017年增长	2016年增长	利润总额	2017年增长	2016年增长
广东省	404	17 995.6	29.2	30.1	1485.2	12.3	40.1
浙江省	353	11 653.4	27.7	20.8	1239.9	14.1	47.7
江苏省	293	11 708.6	27.4	18.4	935.0	31.2	27.7
北京	160	4 394.5	15.9	27.2	295.8	−32.8	24.8
上海	135	3 894.4	23.9	23.9	443.0	13.0	15.3
山东省	126	4 783.0	31.1	21.8	346.0	17.9	35.9
福建省	78	3 024.8	31.3	21.1	283.6	28.8	56.9
四川省	74	2 497.0	11.9	12.9	246.4	30.5	17.9
湖南省	60	1 716.6	29.0	17.0	139.7	14.5	19.9
安徽省	55	2 132.8	29.6	28.8	181.3	17.9	40.9
湖北省	49	2 651.0	45.1	41.6	207.3	24.3	61.8
河南省	44	1 669.6	33.6	25.8	191.4	23.4	99.9
辽宁省	40	2 990.0	17.0	43.8	185.0	33.7	117.6
河北省	30	3 366.1	13.1	25.8	377.8	1.4	29.5
新疆维吾尔自治区	25	958.3	14.8	10.2	82.0	48.3	18.0
重庆	23	1 157.8	19.5	33.0	114.5	26.8	35.2
吉林省	20	496.0	30.0	18.3	99.5	30.2	−0.3
黑龙江省	18	539.7	24.4	19.2	35.0	−40.4	65.9
天津	18	381.0	7.1	11.4	41.6	−7.0	2.5
甘肃省	17	444.4	29.3	19.4	89.8	234.3	23.1
广西壮族自治区	17	961.7	64.7	15.9	51.5	43.9	64.8
江西省	17	621.4	24.4	26.0	85.9	62.2	129.3
海南省	15	225.8	−5.6	15.3	−11.4	−145.6	−154.1
内蒙古自治区	15	1 008.6	22.4	31.6	120.0	163.9	16.2
陕西省	15	447.4	58.3	49.1	16.5	−49.1	377.2
山西省	14	669.9	58.5	37.1	46.7	63.9	66.4
贵州省	12	394.0	1.4	21.9	50.7	−12.0	28.3
云南省	11	219.8	5.8	12.1	24.1	−2.6	19.4
西藏自治区	10	198.3	13.3	−2.3	40.6	23.3	57.5
宁夏回族自治区	7	161.4	4.5	17.7	7.6	179.8	−25.8
青海省	7	258.0	22.8	13.0	22.1	−2.1	63.1

数据来源：Wind

2017年，监管趋严、资金融通难、自身治理局限等多项内外部挑战叠加，民营上市公司的业绩受到一定程度的冲击，业绩增速在整体上相较于2016年有所放缓。而西部地区由于"一带一路"建设支持及消费潜力释放等因素，民营上市公司的整体业绩变化情况略优于东部地区。

四、偿债与盈利能力

2011年以来，民营上市公司的资产负债率总体上呈缓慢上升态势，从2011年的50.6%上升到2013年的53.9%。2014年至2016年，资产负债率出现了先升后降的小幅度波动，波动幅度为0.1个百分点。2017年则较2016年上升了1个百分点，达到54.6%。全部A股上市公司的资产负债率小幅下降。

民营上市公司的流动比率自2011年至2014年逐渐下降，2015年提升趋势初现，2016年大幅提升至1.54，但2017年则下降至1.49。而整个A股的流动比率较2016年有所提升。

从总资产净利率和净资产收益率两个指标看，民营上市公司的盈利能力缓慢下降，2017年分别为4.1%和8.9%。其中，总资产净利率高于同期A股平均水平，而净资产收益率低于同期A股平均水平。

与2016年相比，2017年民营上市公司的盈利能力小幅降低，杠杆率有所提升（见表6）。

表6　2011—2017年民营上市公司盈利和偿债能力变化

年份	企业性质	流动比率	资产负债率（%）	净资产收益率（%）	总资产净利率（%）
2011年	民营	1.56	50.6	12.4	6.1
2012年	民营	1.49	52.0	10.1	4.8
2013年	民营	1.42	53.9	10.6	4.9
2014年	民营	1.40	53.6	10.1	4.7
2015年	民营	1.41	53.7	8.9	4.1
2016年	民营	1.54	53.6	9.3	4.3
2017年	民营	1.49	54.6	8.9	4.1
2016年	A股	1.22	84.5	9.7	1.5
2017年	A股	1.23	83.9	10.2	1.6

数据来源：Wind

五、不同控制类型上市公司比较

在全部A股上市公司中，民营上市公司无论是数量、营业总收入，还是利润总额，所占的比重均逐步提高。2017年，民营上市公司数量占全部A股上市公司的61.3%，比2016年提升0.7个百分点；营业总收入占全部A股上市公司的21.1%，比2016年提升1.5个百分点；利润总额占全部A股上市公司的16.4%，比2016年提升0.4个百分点。

从业绩增速来看，2017年民营上市公司营业总收入增速仅次于集体企业，利润总额增速则位列地方国有企业和外资企业之后（见表7）。

表7　2017年不同控制类型上市公司经营业绩比较

单位：家、亿元、%

控制类型	企业数	营业总收入	营业总收入增长	利润总额	利润总额增长
全部A股	3527	396 047.9	18.90	45 506.4	16.60
民营企业	2162	83 531.0	26.20	7 474.1	16.10
中央国有企业	357	155 449.4	14.20	14 752.5	15.10
地方国有企业	665	87 008.4	22.7	7 231.4	40.6
集体企业	19	2 264.3	33.60	162.3	11.90
公众企业	164	58 269.3	10.40	15 105.5	8.50
外资企业	120	4 408.7	17.80	588.9	22.70
其他企业	40	5 116.3	180.80	191.7	156.80

数据来源：Wind

2017年至2018年上半年，民营上市公司在整个A股市场中数量扩张，显示出民营经济在我国经济中的活跃程度增强，在国民经济中扮演的角色也更加重要。同时面临2017年以来较为复杂的经济形势，民营上市公司的业绩虽有一定程度的调整，但整体稳健，显示出我国民营企业已有能力应对相当程度的经济波动。2018年是中美贸易战爆发之年，也是经济结构调整之年，如何适应好未来环境的变化，可能是民营上市公司面临的重要挑战。

（孙卜雷、崔晓玲，均任职于北京联办财经研究院）

2017—2018年民营企业融资情况分析[①]

闫先东　　陈　芳

　　摘要：民营经济是我国国民经济的重要组成部分，同时也面临不少先天劣势和发展障碍，尤其是民营企业融资难、融资贵问题一直是关注的焦点。本文通过对我国企业部门2011—2017年融资和杠杆情况展开分析，发现我国民营企业融资难题依然突出。从宏观杠杆率看，国企与民企的杠杆差距呈扩大态势；从微观负债率看，虽然大型民营企业主动加杠杆趋势有所显现，但民营小微企业融资弱势仍然明显。本文从融资供给端、需求端以及其他结构性因素三个角度分析了导致民营企业融资难的原因，并从结构性去杠杆、搭建民企增信体系、加大财税金融支持、激发内生动力和引导社会预期五个方面提出解决民营企业融资难题的对策建议。

　　关键词：民营经济　杠杆率　融资弱势　结构性去杠杆

　　民营经济是我国国民经济的重要组成部分，在促投资、稳增长、调结构、惠民生方面发挥了积极作用。截至2017年年末，我国民营企业数量达2 726万家，注册资本超过165万亿元，税收贡献超过50%，占GDP、固定资产投资总额比重均超过60%，技术创新和新产品占比超过70%，城镇就业占比超过80%，对新增就业贡献率超过90%。与此同时，民营经济发展中仍然面临不少困难和障碍，民营企业的天然弱势尚未得到根本改观，支持民营经济发展的政策措施有待落实到位，营商环境还需进一步改善，融资难、融资贵等问题依然突出。

　　通过对民营企业融资和杠杆问题分析发现：民营企业融资占比持续低位趋降，国企与民企的宏观杠杆率差距不断扩大；国企与民企的微观负债率有

---

① 本文仅代表作者个人观点，与供职单位无关。

从分化转向趋同迹象，但主要反映在规模以上工业企业层面，大型民营企业主动加杠杆趋势显现，民营小微企业融资弱势仍然明显。分析原因，从供给端来看，我国多层次资本市场体系尚不健全，融资渠道选择有限，加之民营企业的资质和信用先天不足，导致金融机构偏爱国企现象长期存在；2016年下半年以来的金融强监管、紧信用环境进一步降低了银行对民营企业的放贷意愿和投资人对民企债的投资动力。从需求端来看，经济下行压力加大，整体需求趋弱，紧信用环境短期内难以改善，股市下挫，经营环境恶化，投资动力受到抑制。从其他结构性因素来看，近年来，资金在金融体系内空转，房地产、基建等其他投资高位运行等，都对民营企业融资形成了一定的挤出效应；此外，民企融资的结构性问题也不容忽视。

一、民营企业融资和杠杆情况

（一）银行贷款偏向国企，民企贷款增速和占比呈双降态势

从贷款同比增速来看，国有控股企业贷款增速呈上升态势，私人控股企业贷款增速持续下滑。2011—2017年，国有控股企业贷款同比增速从8%上升至20.8%；私人控股企业贷款同比增速则从21.9%下降至7.1%（见图1）。2018年以来，受金融监管政策影响，私人控股企业贷款增速继续下滑。

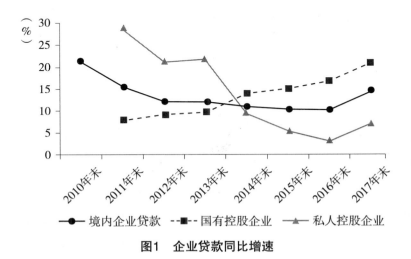

图1 企业贷款同比增速

数据来源：中国人民银行

从企业贷款结构来看，私人控股企业贷款占比远低于国有控股企业贷款，且差距不断扩大。2011—2017年，私人控股企业贷款占比从20.5%持续下降至11.4%（见图2）。2017年年末，私人控股企业贷款余额仅为国有控股企业贷款余额的55%，比2013年末下降了30个百分点。

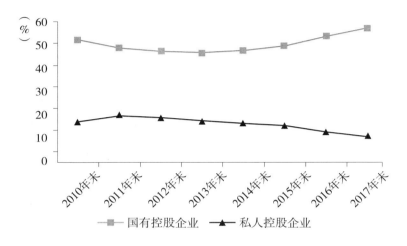

图2 企业贷款所有制结构变动趋势

数据来源：中国人民银行

（二）债券发行额和存量余额中的民企占比持续双低

从债券发行来看，我国企业信用债发行规模经历了2013—2016年的快速扩张期，累计发行9.6万亿元，增长近2.6倍，2017年以来增速明显放缓。在此期间，民企信用债发行规模也经历了相应扩张，但总量远低于国企。2013—2016年，民企信用债发行额扩张5.4倍，但累计发行额仅为1.4万亿元，不及国企的1/6，且2016年以来发行规模不扩反缩（见图3）。从信用债发行额占比来看，民企债发行占比长期处于10%以内的较低水平，2014—2016年间占比短暂上升，但随着2017年以来信用债市场整体需求弱化、风险偏好降低，民企信用债发行额占比显著下降，回落至当前8%以下水平（见图4）。

从债券存量来看，截至2018年8月末，我国企业信用债存量余额为26.3万亿元。其中，国企和民企信用债存量余额分别为23.6万和2.7万亿元，分别占89.8%和10.2%。民企信用债存量规模占比长期处于较低水平，2012—2018年8月末，国企和民企信用债存量分别增加15.9万亿元和2.3万亿元，民企债存量增加额仅相当于国企债的1/7（见图5、图6）。

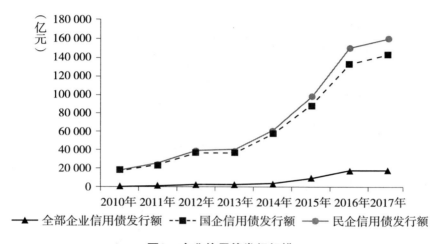

图3 企业信用债发行规模

数据来源：Wind

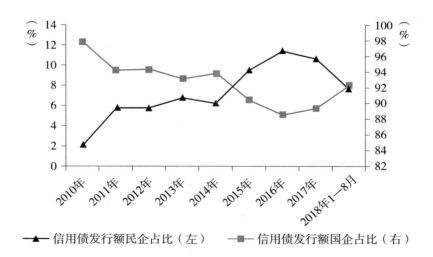

图4 信用债发行规模国企与民企占比

数据来源：Wind

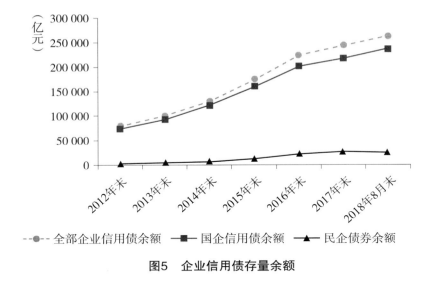

图5　企业信用债存量余额

数据来源：Wind

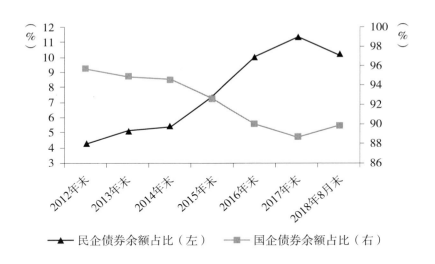

图6　企业信用债存量规模中国企与民企占比

数据来源：Wind

（三）从短期偿债压力来看，企业部门高杠杆主要集中于国有企业部门，民营企业杠杆率持续低位趋降，并表现出"大型民企加杠杆、中小微民企降杠杆"的结构性差异从宏观杠杆率①来看，近年来企业部门杠杆率上升主要源于国有企业部门持续加杠杆。2012—2016年是企业部门宏观杠杆率加速上升期，由图7可知，其主要源于国企快速加杠杆的贡献，在此期间，私人控股企业宏观杠杆率始终低位运行，并呈下降趋势。

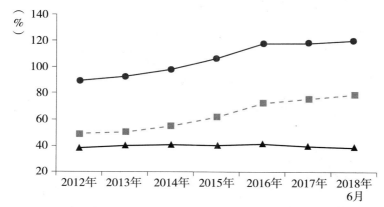

图7　企业部门宏观杠杆率

数据来源：中国人民银行，Wind

按企业规模分析，不同规模国有企业的宏观杠杆水平普遍呈攀升态势（见图8），而民营企业的宏观杠杆水平及走势呈现明显的结构性差异

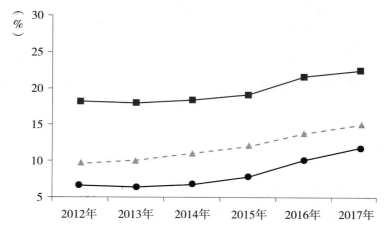

图8　不同规模类型国企宏观杠杆率走势

数据来源：中国人民银行

① 企业部门宏观杠杆率=（企业部门贷款余额＋企业部门信用债存量余额）/GDP×100%。

（见图9）。2013年以来，大型民营企业宏观杠杆率持续上升，中型民营企业宏观杠杆率快速下降，小微民营企业稳中趋降。说明大型民营企业加杠杆趋势显现，中型民营企业杠杆持续走低，小微民营企业的宏观杠杆率稳中有降。

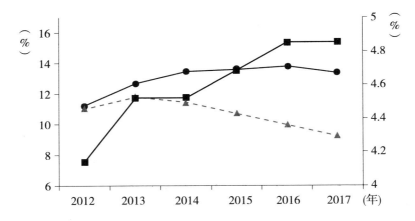

—●— 小微民企宏观杠杆率（左）   --▲-- 中型民企宏观杠杆率（左）   —■— 大型民企宏观杠杆率（右）

图9　不同规模类型民企宏观杠杆率走势

数据来源：中国人民银行

进一步分析小微企业融资中的结构性特征，小微企业杠杆率快速上升，主要源于国有小微企业加杠杆贡献。全部企业贷款中，小微企业贷款占比有所上升，从2012年的28%上升至2017年年末的32.6%。在此期间，国有企业贷款和民营企业贷款中，小微企业贷款占比分别提高了4.9和6.5个百分点。不过，小微企业贷款中的民企贷款占比下降和国企贷款占比上升趋势明显（见图10）。小微企业杠杆率快速上升，主要源于国有小微企业加杠杆贡献，而民营小微企业呈稳中走低趋势（见图11）。

（四）从长期偿债能力来看，规模以上民营工业企业杠杆率止降回升，与国企杠杆率从分化转向趋同

长期以来，我国规模以上工业企业资产负债率稳定在58%上下，2013年后略有下降，当前处于56%的水平（见图12）。2001年以来，国有企业与民营企业资产负债率的相对趋势呈现出"分化—趋同—分化—趋同"的变化特

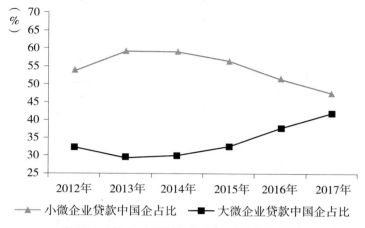

图10　小微企业贷款中国企与民企占比走势

数据来源：中国人民银行

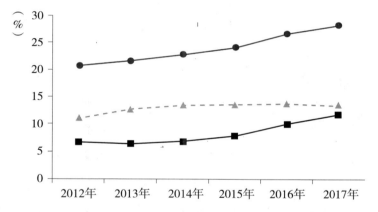

图11　小微企业宏观杠杆率

数据来源：中国人民银行

征。2001—2008年，民营企业资产负债率略高于国有企业；2008年金融危机以来，在经济刺激政策的强力驱动下，国有工业企业快速加杠杆，到2014年资产负债率达到62%，比民营工业企业高10个百分点，而后逐步下降与民营企业趋同；在此期间，民营工业企业资产负债率持续下降至2016年50.7%的历史低位，2017年以来出现明显回升，与国有企业差距缩小为3.8个百分点（见图12）。

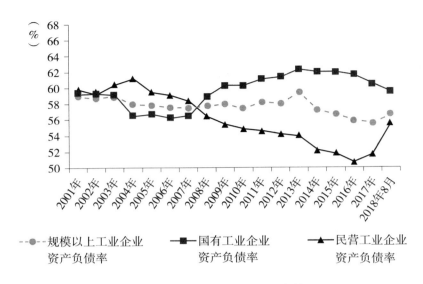

图12　工业企业资产负债率走势

数据来源：Wind

二、原因分析

（一）供给端因素

1. 民营企业在资质、信用和管理上存在天然劣势，银行放贷意愿较弱

从客观因素来看，一是我国民营企业以中小型企业为主，普遍缺乏充足资本金和有效抵押品，抗风险能力表现出先天脆弱性；二是多数民营企业资金管理能力较弱，对投融资结构的安排缺乏长期合理规划，导致其现金流相对紧张，一旦经济基本面下行，容易陷入资金周转危机；三是由于缺乏健全的财务管理体系及内控制度，不少民营企业根据信贷资源稀缺性和信用环境松紧度进行成本收益权衡的水平和预见性较差，存在较强的利润粉饰动机和较弱的风险防范意识。商业银行作为营利性机构，需要在政府行政约束和风险监管考核约束下实现利润最大化，其趋利避害的行为决策势必表现为对民营企业，尤其是中小民营企业的审慎放贷。因此，一旦货币信用环境趋紧，民营企业融资最易受到抑制。从主观因素来看，商业银行的目标考核机制对创收和风险的激励惩罚机制不对等，对贷款损失的惩罚力度远远大于贷款收

回的奖励力度，导致业务人员办理国有企业贷款业务更为积极高效，业务人员做民营企业融资业务甚至会招致利益输送的怀疑。各种因素叠加，致使民营企业在银行贷款等正规间接融资渠道屡遭碰壁。数据显示，大型民营企业与中小民营企业的主动负债能力存在显著差异，大型民营企业的资产负债率与国有企业趋同，显著高于中小民营企业。这种负债能力差距的背后正反映了商业银行对企业资质、信用、经营管理能力和抗风险能力的综合考量。

2. 民营企业经营不确定性偏高，民营企业债估值波动大，投资者参与积极性低

民营企业股权集中度高，风险可预测性差，潜在风险大，加之民营企业发债主体的存量债务规模普遍较小，机构投资者缺乏参与其中的积极性。一般而言，根据机构投资者持仓对债券主体等级的风控要求，会趋于回避民营企业债品种。民营企业债信用利差和超额利差①远远超出国有企业债，始终维持在较高水平，正是源于投资者对民营企业债流动性风险和信用风险的担忧而给予的溢价补偿。2017年以来，债券市场风险偏好下降，投资人避险情绪上升，倾向于将有限的资金投向风险更低、收益可观的地方政府债和高等级信用债，处于融资链下游的民营企业债券融资难度上升。

3. 股市大幅下挫，民营企业股权融资环境恶化

随着多层次资本市场建设的不断完善，股权融资已日益成为优质民营企业融资及补充资本金的重要途径，股权质押融资业务也成为民营企业融资的重要手段。但在信用紧缩、经济下行压力以及中美贸易摩擦多重不利因素叠加影响下，股市接连大幅下挫，在质押折价率持续下滑的同时，股权质押率居高不下。不少股票质押逼近平仓线，影响相应贷款的还本付息。

4. 金融强监管、紧信用收窄民营企业再融资渠道，信用债违约频发，使民营企业融资雪上加霜

由于间接融资渠道门槛高，发债、上市等直接融资渠道也不通畅，民营

---

① 信用利差和超额利差是计算债券利差的两种主要形式。一般而言，个券信用利差=个券估值收益率−同期限国开债收益率，个券超额利差=个券估值收益率−同评级同券种同交易场所的中债/中证收益率曲线上同期限的收益率。可见，信用利差衡量市场对债券全部风险的认知，超额利差衡量市场对债券信用风险的认知。

企业近几年更多地转向非标、P2P等融资途径。2016年下半年以来，金融监管加强，去杠杆政策持续推进，全社会信用总量收紧，社会融资规模与M2增速放缓。2018年8月末社会融资规模总量同比增速仅为10.1%，M2同比增速亦仅为8%，均处于历史低位。从结构上看，社会融资规模持续下滑主要归因于信托贷款、委托贷款和未贴现承兑汇票等非标融资的大幅收缩。2018年1—8月，累计新增贷款和债券融资较去年同期增加25 457亿元，而新增非标较去年同期减少了45 608亿元，贷款和债券融资不能弥补非标融资的收缩，非标回表难问题突出。尽管2018年4月份以来，货币政策以稳健为基调，央行将维护流动性合理充裕定向支持实体经济，但去杠杆大方向不变，资金利率持续下行的空间有限，信用违约风险趋于分化，导致结构性融资难、融资贵问题在短期内难以解决。

在此背景下，一方面，债券市场收益率保持高位，给民企融资带来压力；另一方面，相对房地产开发商和地方融资平台而言，民营企业和小微企业融资渠道有限，近年来非标融资成为其重要融资渠道，借助非标融资扩张杠杆，短贷长用，增加了流动性风险。一旦非标融资发生收缩，"借新还旧"的资金链条断裂，引发民营企业和小微企业融资困难急剧攀升，导致债务违约发生，进而提升市场对民营企业和小微企业信用风险预期，使其再融资渠道受阻，如此恶性循环导致民营企业和小微企业融资环境加速恶化。Wind数据显示，2018年以来，债券违约节奏明显加快，截至9月14日，已有52只债券违约，较去年同期增长约70%，并进一步向民营企业集中，当前民企信用债发行额占比已下降至2014年水平。

（二）需求端因素

1. 环保政策趋严，贸易摩擦加剧，经济下行压力加大，给民营企业带来较大的成本压力，进一步抑制了民企投资需求

2012年以来，私营工业企业主营业务成本率呈上升趋势，2018年7月升至87%高位，高于国有企业主营业务成本率6.6个百分点；主营业务利润率低位运行，2018年以来降至近5%，低于国有企业主营业务利润率2.4个百分点（见图13、图14）。

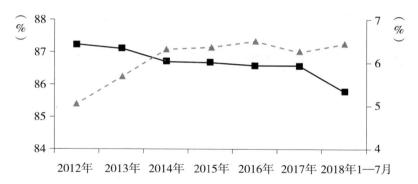

图13 私营工业企业的成本率和利润率

数据来源：Wind

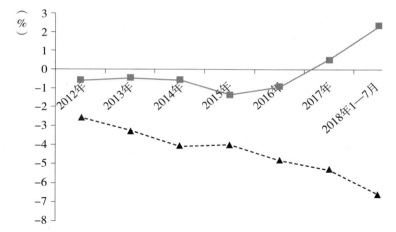

图14 国有企业与民企成本率和利润率差

数据来源：Wind

2. 规模以上民营企业资产回报率下降，加大了大型民营企业的短期偿债压力

2014—2017年，规模以上民营企业的总资产利润率从10.8%回落至9.5%。从前文分析结果可知，大型民营企业的宏观杠杆率和资产负债率双双上升，与国有企业杠杆水平逐渐趋同，短期和长期偿债压力上行，若民营企业资产回报率延续下降趋势，将导致民营企业偿债压力进一步加大。

（三）结构性因素

1. 金融监管缺位诱发资金空转和金融脱实向虚

2013—2017年上半年，银行间流动性整体呈现宽松态势，加之在同业业务上存在监管缝隙，以同业存单为代表的同业业务成为商业银行主动负债的重要手段，同业业务呈明显扩张趋势，银行资金在金融体系内部循环流转，在"挤出效应"作用下，银行资金难以进入实体经济。2017年下半年以来，严监管政策持续推进，银行间同业往来资金空转明显减少，金融回归本源效果逐步显现，货币政策传导效率有所提升。但金融市场的资金供需仍然存在突出的结构性矛盾，民营企业融资难题尚未得到有效缓解。

2. 长期以来，房地产和基建投资高企对民营投资形成了显著的"挤出效应"

从投资增速来看，2012年以来，制造业投资同比增速持续回落，从2012年的接近25%回落至2017年的4.2%；房地产投资维持与制造业投资相似的走势；基建投资自2013年以来一直维持在15%～26%，尽管由于债务约束，投资增速趋于回落，但绝对水平仍然大幅高于制造业投资（见图15）。从投资占比来看，基建与房地产投资占比之和一直超出制造业投资占比，且超出幅度不断扩大，2017年全年占比差距为14.1个百分点。从历年年初两者呈现的

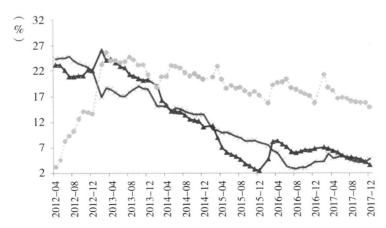

——固定资产投资完成额：制造业：累计同比　——▲——固定资产投资完成额：房地产业：累计同比
········固定资产投资完成额：基础设施建设投资：累计同比

图15　制造业、基建和房地产投资累计同比增速

数据来源：Wind

反向锯齿型变动也可看出，房地产和基建投资对制造业投资的挤出弹性约为50%，即前者同比增速提高1个百分点，将导致后者增速下降0.5个百分点左右（见图16）。分析制造业投资趋于低迷的原因，一是基建和房地产投资挤占了制造业投资份额；二是制造业领域缺乏优质投资项目，回报率远低于房地产领域，导致社会资本流向制造业的动机不强；三是房价上升带动服务业成本快速提升，推高制造业人工成本和房租成本。

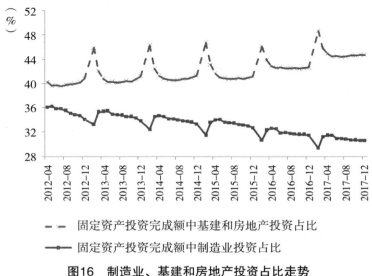

图16 制造业、基建和房地产投资占比走势

数据来源：Wind

3. 在深化小微企业金融服务进程中，民营经济中的小微企业融资弱势将得到一定缓解，但在金融供给总量有限的条件下，小微企业以外的那部分民营经济的融资需求可能会被忽视

近期人民银行等五部门出台《关于进一步深化小微企业金融服务的意见》，从货币政策、监管考核、内部管理、财税激励、优化环境等方面提出了进一步督促引导金融机构加大对小微企业金融支持的具体措施，尤其是通过一系列结构性政策措施强化对"真小微"企业的精准扶持。如：将单户授信500万元及以下的小微企业贷款纳入中期借贷便利合格抵押品范围，并对银行设定单户授信总额1 000万元以下小微企业贷款同比增速和户数要求，引导金融机构聚焦单户授信1 000万元及以下小微企业信贷投放；对单

户授信500万元以下的小微企业和个体工商户贷款利息收入免征增值税，并限制金融机构对小微企业贷款收取相关额外费用，降低"真小微"企业成本。显然，将政策支持范围限定为单户授信总额1 000万元以下的小微企业，大幅降低了小微企业中的国企成分，民营小微企业成为这一系列定向支持政策的主要受益群体。可以预期，当前民营小微企业的融资难、融资贵问题将得到缓解。不过我们还应当注意到民营企业中明显的结构性差异，大中型民营企业在促进投资、稳定增长、增加就业、出口创汇、结构转型等方面扮演着不同于小微企业的重要角色。据前文分析，中型民营企业杠杆率呈快速下降趋势，大型民营企业杠杆率处于低位趋升的关键阶段，若金融机构在监管考核、授信额度、脱贫攻坚、扶持小微企业等多重硬约束下，为实现盈利目标而对大中型民营企业融资更趋审慎，将引发严重的民营企业融资问题。

三、对策建议

从外部环境来看，中美贸易摩擦加剧，民营企业的外贸环境面临极大的不确定性；从国内环境来看，投资消费需求呈趋势性下滑，信用违约频发，生产和融资成本上行压力大；从企业自身来看，民营企业天然弱势短期内难以扭转。面对内外部困境和压力，要想从根本上解决民营企业融资问题，建议从以下几方面考虑：

（一）结构性去杠杆应遵循"重国利民"原则，重在去国有企业杠杆，而维护民营经济杠杆在适度水平

在当前国有企业杠杆率偏高，民营企业杠杆率低位趋降的背景下，结构性去杠杆的关键点之一在于合理调整国有企业和民营企业的相对杠杆水平。以国有企业为去杠杆的主要对象，适度提高民营经济尤其是民营中小微企业杠杆率，一方面可以控制企业总体债务风险水平，另一方面可以提高全社会资金运用效率。

（二）提供更综合的政策支持体系，搭建更广泛的信息共享平台，为民营企业增信

国有企业与民营企业之间融资地位不对等的根源在于有无政府信用支撑，因此应从政府增信和搭建信息共享平台着手提升民营企业信用水平。一是政府要建立集多功能于一体的综合支持体系，向民营企业提供更多准入支持、法律保障、财税激励和信息引导；二是要建立政金企信息共享平台，将银行、工商、税务、环保、水电、海关等部门信息实现共享互联，同时注重培育专业中介行业，畅通金融机构与民营企业之间的信息沟通机制，提高民营企业信息透明度，解决信息不对称问题；三是要鼓励金融机构借助第三方技术力量，应用海量的企业数据进行金融营销模式创新，为企业提供个性化产品和服务的同时，提升金融资产价值。

（三）加大财税金融支持，为民营企业提供普惠性的政策激励和个性化的扶持服务

一是完善多层次资本市场建设，通过保险、资产证券化、并购融资等金融产品设计，分散民营企业投资风险，有效盘活存量资产，改善企业资产负债表；二是进一步清理规范涉企收费，简化审批程序，公开透明高效审批，压缩审批周期，全面落实各级各类减负政策，切实减轻民营企业负担；三是在项目审批和融资中，给予民营企业与国有企业无差别对待，为民营企业营造良好的投资环境和政策预期。四是发挥政府主导的融资担保体系作用，在民营企业融资担保费和反担保物上提供优惠和弹性，同时政府给予金融机构适度的利率补贴，解决民营企业缺乏有效抵押物和融资成本高的问题。五是鼓励对科技创新、民生服务等领域的优质民营企业，探索多样化抵押形式，给予更多的利率优惠和税费减免。

（四）多方努力提振民营企业投资需求，激发民营企业转型升级的内生动力

一是全面落实各级激励政策措施，引导民营企业加大研发投入，大力扶

持科技型民营企业发展，积极推动中小企业加快创新步伐。二是强化要素保障，给予民营企业用地、用能、用工、融资等方面的优惠保障政策。三是建立健全知识产权保护体系，保护民间资本创新创业积极性，提升民营企业核心竞争力。四是规范民间资本依法合规经营，引导和鼓励行业自律性组织发展。

（五）择机对民营企业实施定向降准，加大对民营企业的信贷投入，提振民营企业的信心

随着经济的发展，货币供应量、基础货币也要相应增长。长期以来，外汇占款成为我国基础货币扩张的主要手段。随着国际收支趋于平衡，外汇占款的这一作用已经基本消失，从未来情况看，外汇占款也不可能成为基础货币扩张的主要来源。此外，公开市场操作、抵押补充贷款（PSL）和中期借贷便利（MLF）也是补充基础货币的常用手段，但这些工具期限都太短（一般不超过1年），而基础货币缺口长期存在，需要长期限的补充渠道。法定存款准备金率传统上影响货币乘数，但也可以把它对基础货币的影响进行量化。从目前来看，法定存款准备金率下调1个百分点，约可释放流动性资金1.6万亿元。在基础货币缺口长期存在、商业银行法定准备金率偏高（2018年9月末，大型商业银行法定准备金率为15.5%）情况下，择机对民营企业实施定向降准：一是可以提供长期限资金补充基础货币缺口；二是可通过民营企业贷款增量、增速的考核，引导商业银行加大对民营企业的信贷投入，缓解民营企业融资难。这对于提振民营企业信心、引导社会预期，切实体现"两个毫不动摇"[①]也将发挥重要的作用。

（闫先东、陈芳，分别供职于中国人民银行调查统计司、中国人民银行贵阳中心支行）

[①] 自党的十六大报告第一次提出"两个毫不动摇"，党的十九大报告重申，必须坚持和完善我国社会主义基本经济制度和分配制度，毫不动摇巩固和发展公有制经济，毫不动摇鼓励、支持、引导非公有制经济发展。

2017—2018年中国民营经济税收发展报告

国家税务总局税科所

摘要：本文描述了2017—2018年中国民营经济税收运行情况，总结了民营经济税收运行的主要特征，同时对未来中国民营经济税收发展进行了展望。通过对民营经济的定性和定量分析全方位描绘了中国民营经济税收全貌，在做出上述分析的基础上，提出了对民营经济税收运行的若干看法，并有针对性地提出了促进民营经济发展的税收政策建议。

关键词：民营经济 私营企业 个体经营 税收收入

2017年年初以来，全球经济复苏呈现出更多积极因素，经济继续复苏回升，全球贸易呈扩展态势，大宗商品价格有所回升，全球通胀相对稳定，经济信心转向乐观。预计2018年经济增长6.5%左右，继续保持在中速适当的经济增长区间，增速低于上年（6.9%）0.4个百分点。2017年年底中央经济工作会议提出：做好明年经济工作，要全面贯彻党的十九大精神，以习近平新时代中国特色社会主义思想为指导，加强党对经济工作的领导，坚持稳中求进工作总基调，坚持新发展理念，紧扣我国社会主要矛盾变化，按照高质量发展的要求，统筹推进"五位一体"总体布局和协调推进"四个全面"战略布局，坚持以供给侧结构性改革为主线，统筹推进稳增长、促改革、调结构、惠民生、防风险各项工作，大力推进改革开放，创新和完善宏观调控，推动质量变革、效率变革、动力变革，在打好防范化解重大风险、精准脱贫、污染防治的攻坚战方面取得扎实进展，引导和稳定预期，加强和改善民生，促进经济社会持续健康发展。

2017年税收运行中税收收入虽然出现较大波动，但基本保持了高于经济增长态势。2017年全年国内税收收入完成155 734.72亿元，比上年增加15 235.68亿元，同比增长10.8%，较上年提高7.5个百分点，高于可比价经济增长3.9个百分点；民营经济税收收入实现28 146.85亿元，比上年增加5 994.59

亿元，同比增长27.1%，较上年（2016年增速为13.4%^①）提高13.7个百分点。

一、2017年中国私营企业税收收入分析

（一）2017年中国私营企业税收收入分月度分析

2017年，私营企业税收收入存在明显的波动性，1月份最高达到2 598.29亿元，占全年私营企业税收收入的12.9%；3月份最低仅为1 243.74亿元，占全年私营企业税收收入的6.2%；最高的1月份是最低3月份的2.09倍，其余各月收入相对比较稳定，大部分月份基本在月平均收入1 676.77亿元上下波动，占全年私营企业税收收入的比重在6.2% ~ 10.6%；高于平均数的有6个月，低于平均数的有6个月（见图1）。

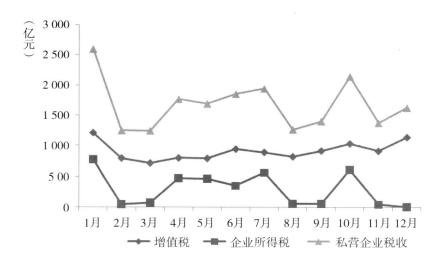

图1　2017年私营企业主要税种收入

从私营企业主要税种收入看，国内增值税收入也存在波动性，1月份最高达到1 212.03亿元，占私营企业增值税全年收入的11.1%；3月份最低为716.68亿元，占私营企业增值税全年收入的6.6%；高于月平均收入的有4个月，低于月平均收入的有8个月。国内消费税收入波动剧烈，最高的10月为12.36亿元，占

---

①　资料来源：国家税务总局计划统计司.《税收月度快报》，2016年12月。

全年收入的13.7%，而最低的9月份为2.33亿元，占全年收入的2.6%。企业所得税收入本来应该有较强的季节性，2017年例外（见表1）。

表1　2017年各月私营企业主要税种收入分析情况

单位：亿元、%

月份	国内增值税		国内消费税		企业所得税		私营企业税收	
	绝对数	占全年比	绝对数	占全年比	绝对数	占全年比	绝对数	占全年比
1月	1 212.03	11.1	9.58	10.7	771.86	22.0	2 598.29	12.9
2月	795.59	7.3	6.68	7.4	54.47	1.5	1 248.63	6.2
3月	716.68	6.6	8.65	9.6	74.68	2.1	1 243.74	6.2
4月	797.85	7.3	7.35	8.2	471.34	13.4	1 763.26	8.8
5月	790.18	7.2	6.29	7.0	460.11	13.1	1 688.78	8.4
6月	940.39	8.6	6.64	7.4	348.89	9.9	1 849.83	9.2
7月	888.76	8.1	5.98	6.6	558.15	15.9	1 940.55	9.6
8月	817.68	7.5	6.57	7.3	59.01	1.7	1 261.29	6.3
9月	911.02	8.3	2.33	2.6	57.15	1.6	1 396.92	6.9
10月	1 027.89	9.4	12.36	13.7	602.42	17.1	2 139.31	10.6
11月	907.24	8.3	9.89	11.0	47.63	1.4	1 369.63	6.8
12月	1 133.78	10.4	7.61	8.5	8.53	0.2	1 621.04	8.1
合计	10 939.10	100.0	89.94	100.0	3 514.24	100.0	20 121.27	100.0
月平均	911.59	—	7.50	—	292.85	—	1 676.77	—

资料来源：国家税务总局收入规划核算司.《税收月度快报》，2017年1—12月。

（二）2017年中国私营企业税收整体状况分析

2017年，中国私营企业税收收入主要来自国内增值税和企业所得税这两个税种。其中，来自国内增值税的收入为10 939.10亿元，占全部私营企业税收收入的54.4%；来自企业所得税的收入为3 514.24亿元，占全部私营企业税收收入的17.5%。来自这两大税种的收入占全部私营企业税收收入的71.9%，其余税种收入占28.1%（见表2、图2）。

2017年，私营企业税收收入比上年增加4 954.45亿元，同比增长32.7%，在私营企业税收收入中，国内增值税比上年增加3 811.91亿元，同比增长53.5%，国内增值税的高速增长完全是受"营改增"的影响；国内消费税比上年增加27.26亿元，同比增长43.5%；企业所得税比上年增加994.40亿元，同比增长39.5%。私营企业国内增值税、消费税和企业所得税收收入增长率均高于私营企业税收收入增长率（见表2、图2）。

表2　2017年中国私营企业主要税种收入状况

单位：亿元、%

税种	税收收入	国内增值税	国内消费税	营业税	企业所得税	其他
2016年收入	15 166.82	7 127.19	62.68	1 580.86	2 519.84	3 876.25
2017年收入	20 121.27	10 939.10	89.94	—	3 514.24	5 577.99
占比	100.0	54.4	0.4	—	17.5	27.7
同比增加	49 54.45	3 811.91	27.26	—	994.40	1 701.74
同比增长百分比	32.7	53.5	43.5	—	39.5	43.9

注：　"其他"是指除国内增值税、消费税和企业所得税以外的税种收入。
资料来源：国家税务总局收入规划核算司.《税收月度快报》，2017年12月。

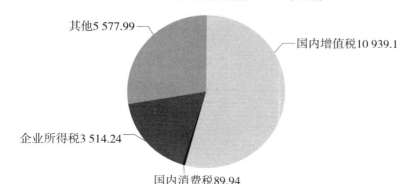

图2　2017年私营企业税收收入构成（单位：亿元）

二、2017年中国个体经营主要税种收入分析

（一）2017年中国个体经营税收收入分月度分析

2017年，个体经营税收收入存在明显的波动性，12月份最高达到784.32亿

元，占全年个体经营税收收入的9.8%；2月份最低仅为480.61亿元，占全年个体经营税收收入的6.0%；最高的12月是最低2月的1.63倍，其余各月收入相对比较稳定，基本在月平均收入668.80亿元上下波动，占全年个体经营税收收入的比重在7.9%～9.3%；高于平均数的有6个月，低于平均数的有6个月（见表3、图3）。

从个体经营主要税种收入看，受"营改增"的影响，国内增值税收入存在较大波动性，1月份最高达到193.97亿元，占个体经营增值税全年收入的12.4%，2月份最低为84.42亿元，占个体经营增值税全年收入的5.4%，高于月平均收入的有5个月，低于月平均收入的有7个月。国内消费税收入波动剧烈，最高的10月为0.68亿元，占全年收入的18.8%，而最低的8月份为0.08亿元，仅占全年收入的2.2%。（见表3、图3）。

表3　2017年个体经营主要税种收入分月度分析情况

单位：亿元、%

月份	国内增值税		国内消费税		个体经营税收合计	
	绝对数	占全年比重	绝对数	占全年比重	绝对数	占全年比重
1月	193.97	12.4	0.64	17.7	743.29	9.3
2月	84.42	5.4	0.14	3.9	480.61	6.0
3月	101.41	6.5	0.13	3.6	717.76	8.9
4月	137.14	8.8	0.65	18.0	644.86	8.0
5月	109.75	7.0	0.14	3.9	652.90	8.1
6月	118.47	7.6	0.12	3.3	688.66	8.6
7月	146.33	9.4	0.66	18.2	660.03	8.2
8月	106.97	6.9	0.08	2.2	659.90	8.2
9月	116.70	7.5	0.11	3.0	680.23	8.5
10月	148.48	9.5	0.68	18.8	631.99	7.9
11月	126.28	8.1	0.15	4.1	681.04	8.5
12月	170.91	10.9	0.12	3.3	784.32	9.8
合计	1 561.03	100.0	3.64	100.0	8 025.58	100.0
平均	130.07	—	0.30	—	668.80	—

资料来源：国家税务总局收入规划核算司.《税收月度快报》，2017年1—12月。

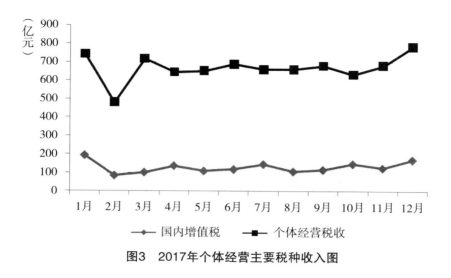

图3　2017年个体经营主要税种收入图

（二）2017年中国个体经营税收整体状况分析

2017年，中国个体经营税收收入中，仅有国内增值税、国内消费税两个税种的分类统计。其中，来自国内增值税的收入为1 561.03亿元，占全部个体经营税收收入的19.5%；来自国内消费税的收入为3.64亿元，占全部个体经营税收收入的不到0.1%；其他未统计税种收入占80.5%（见图4）。

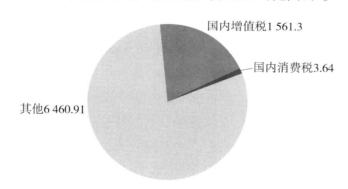

图4　2017年个体经营税收收入构成（单位：亿元）

2017年，个体经营税收收入比上年增加1 040.14亿元，同比增长14.9%，在个体经营税收收入中，国内增值税比上年增加462.26亿元，同比增长42.1%；国内消费税比上年减少0.22亿元，同比下降5.7%；其他税收比上年增加914.87亿元，同比增长16.5%（见表4）。

表4 2017年中国个体经营主要税种收入状况

单位：亿元、%

税种	税收收入	国内增值税	国内消费税	其他
2016年	6 985.44	1 098.77	3.86	5 546.04
2017年	8 025.58	1 561.03	3.64	6 460.91
占比	100.0	19.5	—	80.5
同比增加	1 040.14	462.26	−0.22	914.87
同比增长百分比	14.9	42.1	−5.7	16.5

注：其他是指除国内增值税、国内消费税、营业税以外的税种收入。
资料来源：国家税务总局收入规划核算司.《税收月度快报》，2017年12月。

三、2017年中国民营经济税收特点分析

（一）2017年民营经济税收收入分月度分析

民营经济税收收入走势受私营企业税收收入和个体经营税收收入走势的双重影响，表现为1月份最高为3 341.58亿元，占全年民营经济税收收入的11.9%；2月份最低为1 729.24亿元，占全年民营经济税收收入的6.1%；最高的1月份是最低的2月份的1.93倍。民营经济税收运行走势受私营企业影响较大，主要原因是大部分的税收收入来自私营企业。

私营企业税收收入占民营经济税收收入的比重平均为71.5%，分月度看，最高的1月达到77.8%，最低的3月份为63.4%；个体经济税收收入占民营经济税收收入比重平均为28.5%，分月度看，最高的3月达到36.6%，最低的1月份为22.2%（见表5、图5）。

（二）2017年民营经济税收整体运行分析

2017年，中国民营经济税收收入28 146.85亿元[①]，比上年增加5 994.59亿元，同比增长27.1%，高于税收收入增长速度16.3个百分点，较上年提高13.7个百分点，占全国税收收入的18.1%，较上年提高2.3个百分点[②]。其中，私营企

---

① 民营经济税收收入为私营企业和个体经营合计数。
② 2016年民营经济税收收入占全国税收收入的15.8%。

表5　2017年各国民营经济税收收入情况

单位：亿元、%

月份	私营企业		个体经营		民营经济	
	绝对数	占民营经济比重	绝对数	占民营经济比重	绝对数	占全年比重
1月	2 598.29	77.8	743.29	22.2	3 341.58	11.9
2月	1 248.63	72.2	480.61	27.8	1 729.24	6.1
3月	1 243.74	63.4	717.76	36.6	1 961.50	7.0
4月	1 763.26	73.2	644.86	26.8	2 408.12	8.6
5月	1 688.78	72.1	652.90	27.9	2 341.68	8.3
6月	1 849.83	72.9	688.66	27.1	2 538.49	9.0
7月	1 940.55	74.6	660.03	25.4	2 600.58	9.2
8月	1 261.29	65.7	659.90	34.3	1 921.19	6.8
9月	1 396.92	67.3	680.23	32.7	2 077.15	7.4
10月	2 139.31	77.2	631.99	22.8	2 771.30	9.8
11月	1 369.63	66.8	681.04	33.2	2 050.67	7.3
12月	1 621.04	67.4	784.32	32.6	2 405.36	8.5
合计	20 121.27	71.5	8 025.58	28.5	28 146.85	100.0
平均	1 676.77	—	668.80	—	2 345.57	—

资料来源：国家税务总局收入规划核算司.《税收月度快报》，2017年1—12月。

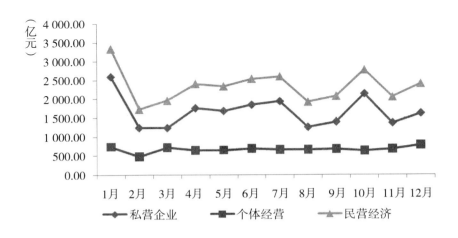

图5　2017年民营经济税收收入分月度状况

业税收收入为20 121.27亿元，比上年增加4 954.45亿元，同比增长32.7%，较上年提高15.5个百分点，占民营经济税收收入的71.5%，占全国税收收入的12.9%，较上年提高2.1个百分点；个体经营税收收入8 025.58亿元，比上年增加1 040.14亿元，同比增长14.9%，较上年提高8.8个百分点，占民营经济税收收入的28.5%，占全国税收收入的5.2%，较上年提高0.2个百分点（见表6、图6）。

表6　2017年中国民营经济税收收入状况

单位：亿元、%

经济类型	税收收入	占民营经济税收收入	2016年	比上年增加	同比增长	占全国税收收入
私营企业	20 121.27	71.5	15 166.82	4 954.45	32.7	12.9
个体经营	8 025.58	28.5	6 985.44	1 040.14	14.9	5.2
民营经济	28 146.85	100.0	22 152.26	5 994.59	27.1	18.1

资料来源：国家税务总局收入规划核算司.《税收月度快报》，2017年12月。

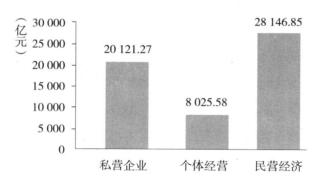

图6　2017年民营经济税收收入情况

总之，2017年以来，虽然受国内实体经济下行和经济低增长的影响，中国经济增长速度放缓，税收收入增长速度并没有较上年下降，反而有所提高，特别是民营经济税收收入不仅绝对数量增加较多，而且，增长速度也保持了大大高于税收增长速度态势。民营经济税收收入在全部税收收入中的地位较上年进一步提高，私营企业税收占全部税收收入的比重已接近13%（为12.9%），个体经济税收占全部税收收入的比重也达到5.2%，民营经济税收已经成为税收收入中不可或缺的重要组成部分。

四、2018年民营经济税收收入情况

（一）2018年1—9月民营经济税收收入运行情况分析

2018年1—9月，私营企业税收收入累计实现20 323.82亿元，比2017年同期增加5 332.53亿元，同比增长35.6%，较上年提高2.1个百分点。个体经营税收收入累计实现7 075.71亿元，较上年同期增加1 147.48亿元，同比增长19.4%，较上年提高1.6个百分点。

2018年1—9月，民营经济税收收入累计实现27 399.53亿元，比2017年同期增加6 480.01亿元，同比增长31.0%，较上年提高2.4个百分点。从民营经济税收收入分月度运行看，1月份5 339.77亿元，2月份3 161.42亿元，3月份2 658.57亿元，4月份3 060.56亿元，5月份3 133.03亿元，6月份3 119.78亿元，7月份3 364.22亿元，8月份2 371.49亿元，9月份2 522.55亿元（见表7）。

表7　2018年1—9月民营经济税收收入状况

单位：亿元

经济类型 月份　　年份	私营企业		个体经营		民营经济	
	2018年	2017年	2018年	2017年	2018年	2017年
1月	3 414.44	2 598.29	1 925.33	743.29	5 339.77	3 341.58
2月	1 654.42	1 248.63	1 507.00	480.61	3 161.42	1 729.24
3月	1 749.87	1 243.74	908.70	717.76	2 658.57	1 961.50
4月	2 443.31	1 763.26	617.25	644.86	3 060.56	2 408.12
5月	2 395.10	1 688.78	737.93	652.90	3 133.03	2 341.68
6月	2 418.61	1 849.83	701.17	688.66	3 119.78	2 538.49
7月	2 593.26	1 940.55	770.96	660.03	3 364.22	2 600.58
8月	1 621.77	1 261.29	749.72	659.90	2 371.49	1 921.19
9月	1 732.13	1 396.92	790.42	680.23	2 522.55	2 077.15
1—9月累计	20 323.82	14 991.29	7 075.71	5 928.23	27 399.53	20 919.52
比上年同期增减	5 332.53	3 760.79	1 147.48	894.09	6 480.01	4 654.88
同比增长（%）	35.6	33.5	19.4	17.8	31.0	28.6

资料来源：国家税务总局收入规划核算司.《税收月度快报》，2018年1—9月。

（二）2018年民营经济税收收入预测

由于对2018年的民营经济税收收入预测属于短期预测，可以简单地按照近年来的民营经济税收收入发展情况（见表8）进行短期外推预测。

表8 2013—2017年中国民营经济税收状况

单位：亿元、%

年份	税收收入	增加额	增长率
2013年	18 168.90	2 004.54	12.4
2014年	19 133.62	964.72	5.3
2015年	19 529.70	396.08	2.1
2016年	22 152.26	2 622.56	13.4
2017年	28 146.85	5 994.59	27.1
平均数	—	2 396.30	12.1

根据表8资料，我们可以采用平均增加额法和平均增长率以及平均弹性系数来预测2018年民营经济税收收入。

1. 增加额法预测。按2013年至2017年5年平均增加额2 396.30亿元，预测2018年民营经济税收收入为30 543.15亿元，比2017年增长8.5%。按2017年增加额5 994.59亿元，预测2018年民营经济税收收入为34 141.44亿元，比2017年增长21.3%（见表9）。

2. 增长率法预测。按2013年至2017年5年平均增长率12.1%，预测2018年民营经济税收收入为31 552.62亿元，比2017年增加3 405.77亿元。按2017年增长率27.1%，预测2018年民营经济税收收入为35 774.65亿元，比2017年增加7 627.79亿元（见表9）。

表9 2018年中国民营经济税收预测值

单位：亿元、%

方法 \ 指标	税收收入增长率	税收收入增加额	税收收入预测值
增加额法	8.5	2 396.30（前5年平均）	30 543.15
	21.3	5 994.59（上年数）	34 141.44
增长率法	12.1（前5年平均）	3 405.77	31 552.62
	27.1（上年数）	7 627.79	35 774.65
平均	17.3	4 856.12	33 002.96

综上分析预测结果：2018年民营经济税收收入预测值在30 543.15亿元～

35 774.65亿元的可能性较大，结论预测值为33 002.96亿元，比2016年增加4 856.12亿元，同比增长17.3%。

五、看法和建议

（一）对民营经济税收运行的几点看法

1. 2017年，民营经济税收实现8 146.85亿元，占全国税收收入的18.1%，较上年提高2.3个百分点，同比增长27.1%，较同期税收收入增长提高13.7个百分点

因为民营经济税收的高速增长，进一步提升了民营经济税收在全部税收收入中的地位。2017年，民营经济税收比上年增加5 994.59亿元，比上年多增加3 372.03亿元，占全部税收收入增加额的39.3%。可以这样说，民营经济税收在税收运行中的作用越来越重要，成为影响税收收入增速不可或缺的因素，对税收增速的贡献接近四成（39.3%），日益成为税收运行中不可或缺的重要部分，民营经济税收的运行状况已在很大程度上影响着税收收入的运行态势。

2. 私营企业税收作为民营经济税收的主要来源，其收入结构直接影响了民营经济的税收收入结构

从私营企业税收结构看，2017年，国内增值税是私营企业税收的主要来源，占私营企业税收的54.4%，比上年提高7.4个百分点，基本保持了平稳运行态势，增值税的平稳运行确保了私营企业税收的平稳运行。受"营改增"的影响，私营企业营业税已经完全退出。企业所得税受企业经营状况好转的影响，比上年增长39.5%，较上年提高23.6个百分点，高于私营企业税收增长6.8个百分点，私营企业所得税占私营企业税收的比重较上年提高0.9个百分点。个体经营税收收入结构，由于受"营改增"和其所处的行业影响，个体经营增值税所占比重回升较多，已达19.5%，较上年提高3.8个百分点，营业税已完全退出。

3. 从民营经济税收两大组成部分看，来自私营企业和个体经营的税收均不同程度增长

2017年，私营企业税收较上年增长32.7%，增速有所提高，较上年17.2%

增速，提高了15.5个百分点。2017年，个体经营税收较上年增加1 040.14亿元，较上年增长14.9%，较上年提高8.8个百分点。因为私营企业税收增速高于个体经营税收增速，尽管个体经营税收增速也是高速增长，但是其在民营经济税收中的比重，也较上年下降了3.0个百分点。透过税收看经济，个体经营已经成为民营经济的一支不可或缺的力量。

4. 2018年1—9月份，民营经济税收增长31.0%，高于全国税收收入增长18.3个百分点（2018年1—9月全国税收收入增长12.7%）

民营经济税收高速增长的主要原因是私营企业税收增长高达35.6%，比上年同期增加5 332.53亿元。同时，也可以看出，由于2018年是在上年个体经营税收高增长（增长率为17.8%）的情况下的高增长。个体经营税收增长19.4%，高于上年1.6个百分点。正是由于私营企业和个体经营税收的高增长，才保障了民营经济税收的高增长态势。2018年全年民营经济税收运行态势将继续保持远远高于全部税收增长的势头，并且私营企业税收仍然起主导作用。

（二）民营经济税收政策回顾

民营经济中绝大多数是小微企业（税法上称之为"小型微利企业"），他们在增加就业、促进经济增长等方面具有不可替代的作用，对国民经济和社会发展具有重要的战略意义。目前中国没有针对不同所有制类型的税收优惠政策，主要是根据企业大中小（微）不同类型采取差异化的税收政策。因此，对民营经济税收政策大体可以用小微企业税收政策来阐明。2017年以来针对小微企业税收政策主要有：

1. 小型微利企业所得税优惠再扩围

基本规定：符合条件的小型微利企业，减按20%的税率征收企业所得税（《企业所得税法》第二十八条）。《企业所得税法》第二十八条第一款所称符合条件的小型微利企业，是指从事国家非限制和禁止行业，并符合下列条件的企业：工业企业，年度应纳税所得额不超过30万元，从业人数不超过100人，资产总额不超过3 000万元；其他企业，年度应纳税所得额不超过30万元，从业人数不超过80人，资产总额不超过1 000万元（《企业所得税法实施条例》第九十二条）。

扩围规定：自2015年10月1日起至2017年12月31日，对年应纳税所得额在20万元到30万元（含30万元）之间的小型微利企业，其所得减按50%计入应纳税所得额，按20%的税率缴纳企业所得税（财税〔2015〕99号）。自2017年1月1日至2019年12月31日，将小型微利企业的年应纳税所得额上限由30万元提高至50万元，对年应纳税所得额低于50万元（含50万元）的小型微利企业，其所得减按50%计入应纳税所得额，按20%的税率缴纳企业所得税（财税〔2017〕43号）。

2. 研究开发费用加计扣除再增力

基本规定：企业为开发新技术、新产品、新工艺发生的研究开发费用，未形成无形资产计入当期损益的，在按照规定据实扣除的基础上，按照研究开发费用的50%加计扣除；形成无形资产的，按照无形资产成本的150%摊销（《企业所得税法实施条例》第九十五条）。

新增优惠：科技型中小企业开展研发活动中实际发生的研发费用，未形成无形资产计入当期损益的，在按规定据实扣除的基础上，在2017年1月1日至2019年12月31日期间，再按照实际发生额的75%在税前加计扣除；形成无形资产的，在上述期间按照无形资产成本的175%在税前摊销（财税〔2017〕34号）。

3. 公益性捐赠支出扣除可结转

旧规定：企业发生的公益性捐赠支出，在年度利润总额12%以内的部分，准予在计算应纳税所得额时扣除（2007年3月16日《中华人民共和国企业所得税法》中华人民共和国主席令第63号第九条）。

新规定：企业发生的公益性捐赠支出，在年度利润总额12%以内的部分，准予在计算应纳税所得额时扣除；超过年度利润总额12%的部分，准予结转以后三年内在计算应纳税所得额时扣除（2017年2月24日《中华人民共和国企业所得税法》中华人民共和国主席令第63号第九条）。

4. 技术先进型服务企业所得税优惠全国推广

旧政策：自2014年1月1日起至2018年12月31日止，在北京、天津、上海、重庆、大连、深圳、广州、武汉、哈尔滨、成都、南京、西安、济南、杭州、合肥、南昌、长沙、大庆、苏州、无锡、厦门等21个中国服务外包示范城市（以下简称"示范城市"）继续实行以下企业所得税优惠政策：对经认定的技术先进型服务企业，减按15%的税率征收企业所得税；经认定的技术先进型服务企业发生的职工教育经费支出，不超过工资薪金总额8%的部分，准予在计算应纳税所得额时扣除；超过部分，准予在以后纳税年度结转扣除。

新政策：自2017年1月1日起上述优惠政策适用于全国（财税〔2017〕79号）。

5. 延续小微企业增值税政策

为支持小微企业发展，自2018年1月1日至2020年12月31日，继续对月销售额2万元（含本数）至3万元的增值税小规模纳税人，免征增值税（财税〔2017〕76号、国家税务总局公告2017年第52号）。

政策出台背景：2017年9月27日，国务院总理李克强主持召开国务院常务会议，部署强化对小微企业的政策支持和金融服务，进一步增强经济活力巩固发展基础。会议决定，在狠抓现有政策落实的同时，采取减税、定向降准等手段，激励金融机构进一步加大对小微企业的支持。

一是从2017年12月1日到2019年12月31日，将金融机构利息收入免征增值税政策范围由农户扩大到小微企业、个体工商户，享受免税的贷款额度上限从单户授信10万元扩大到100万元。二是将小微企业借款合同免征印花税、月销售额不超过3万元的小微企业免征增值税两项政策优惠期限延长至2020年。

（三）对民营经济企业税收政策建议

民营小微企业（以下简称"小微企业"）数量众多，分布在各个行业，是我国国民经济的重要组成部分，在促进经济增长、扩大就业、推动创新、促进社会和谐稳定等方面具有不可替代的作用。要切实减轻小微企业的税收负担，就必须进一步减轻劳动密集型民营经济企业税收负担。

1. 部分民营经济企业经营困难，税费负担依然沉重，应继续加大减税降费力度

按照税收与经济量（GDP）对比的宏观税负分析，民营经济企业相对国有

企业（大型企业）税负并不高，税收占50%，GDP占60%。问题是民营经济GDP中所含工资薪金比例较高，工资薪金在国民经济核算上是增加值，是新创造的经济量，但对企业来说实际上属于人工成本，属于增值税的税基，不能抵扣。同样，社保费用也是企业的人工成本。民营经济解决了80%以上的就业，如果他们垮了，后果会造成大量人口失业，居民收入得不到保障，进而会影响社会的安定。因此，未来减税降费措施要有针对性、要更加精准。根据前述我们的分析，减税降费应聚焦在增值税和社保费上，并向劳动密集型企业、小微企业倾斜。下一步减税降费力度必须更大，并根据企业生产经营情况做出选择。

2. 以往的减税政策众多、零散，有"撒胡椒面"的感觉，民营经济企业总不解渴

面对民营经济企业经营困难，政府不断出台了很多减税政策，如"营改增"，固定资产加速折旧、研发费用加计扣除、高科技企业和小微企业所得税优惠税率，等等。但是，这些优惠政策主要集中在企业所得税方面，民营经济企业效益不好，享受的效果不明显。对企业关注的生产环节税费负担问题，现行政策效果并不明显，如增值税，尽管我们不断进行改进，从增值税转型、增值税扩围、营改增、增值税税率四档变三档（17%、13%、11%、6%，取消了13%）、增值税税率调低（17%调为16%，11%调为10%），这种微调尽管发挥了一定的减税效应，但是其效果远不能满足当前民营经济企业对减税的要求。为此，建议进一步调低生产环节的增值税。自2018年5月1日起，我国将增值税税率从17%和11%分别调整为16%和10%，民营实体经济增值税负担得到了一定程度的下降。为增强我国制造业的竞争力，减轻实体经济，特别是劳动密集型企业的生产成本，建议将增值税税率进一步下调2至3个百分点（即将16%税率下调到13%~14%），把10%的税率与6%两档税率合并，实现国务院会议提出三档变两档要求。增值税税率下调，短期内可能会减少企业缴纳的增值税，同时也会增加企业的效益，扩大企业所得税的税基，带来企业所得税的增加，一减一增，不仅会弥补增值税减税的影响，同时带来企业效益的增加。

3. 研究制定针对劳动密集型民营经济企业的税费政策

民营经济承担着80%以上的城镇就业，绝大多数属于劳动密集型企业，

劳动力成本相对技术密集型、资金密集型企业的增值税负担较重。尽管增值税税率已经下调，但由于民营经济部分行业劳动力成本的提高，减弱了增值税税率下调的作用，其减税效果并不明显，甚至部分行业增值税负担还有提高。此外，劳动密集型民营经济企业的社保费负担沉重。建议在实行差异化、低税率增值税政策的同时，进一步减轻这部分企业的社保费负担。针对劳动密集型小微企业面临的经营暂时困难，对劳动密集型企业进一步降低社保费率，由目前的五项总费率38%左右，下调至25%左右。

4. 完善我国税收制度，使税制结构不断趋于合理

目前，我国税制还有许多不尽如人意的地方，不仅存在行业之间的税负不平衡，如实体经济税负过重，虚拟经济税负较轻，还存在不同纳税人之间的税负不平衡，如个体经营所得税适用最高边际税率35%，与企业所得税标准税率25%（部分企业还享受15%的优惠税率）相比要高。占民营经济90%以上的是个体工商户，他们的所得税税负较一般企业要重。这种税制设计得不合理，造成个体经营与一般企业纳税人之间对税法的遵从度存在差异，产生税负高低的不同。建议今后统筹考虑个人所得税与企业所得税之间的税制设计，减少个体经营与企业之间的税负差距，提高民营经济企业的生产积极性。随着信息化、大数据等科技手段的运用，税收征管手段的先进，完善税制使不同纳税主体之间税收协调，逐步提高中国税制结构的合理性，在此前提下，强化税收征管才是可行的。如果税制本身不合理，税收征管越严格，其结果越不公平，对经济的扭曲作用越大。

课题组组长：付广军

课题组成员（排名不分先后）：李为人　史书新　李冬梅　付俊伟

2017—2018年我国民营企业对外经贸发展的特点、面临问题与对策建议

闫实强

摘要：2017年以来，中国民营企业积极适应内外环境的复杂变化，继续发挥经营机制灵活、适应环境能力强的优势，努力培育外贸竞争新优势，进出口实现较快增长，为外贸保持回稳向好的势头做出了积极贡献，出口第一大经营主体地位进一步巩固，在中国外贸发展中的地位进一步提升。与此同时，民营企业境外投资呈现更加积极的发展态势，占对外投资存量的比重升至过半，继续发挥独特优势，成为境外并购主力军，并购逐渐转向规模大、涉及高端技术与品牌的项目。民营企业对外经贸在呈现更加活跃的发展态势的同时，也遇到了一些亟待解决的问题与挑战，主要发达国家贸易保护主义明显抬头，欧美投资安全审查呈进一步收紧趋势，融资难的问题依然没有得到好的解决，企业和人员的安全保障问题日益突出。应以习近平新时代中国特色社会主义思想为指导，对内为民营企业营造公平友善的发展环境，多渠道解决民营企业对外投资中的融资问题；对外妥善应对贸易保护主义，积极应对投资安全审查，引导民企提升外贸竞争新优势和创新对外投资方式，构建完善对外投资国家风险评级、预警和管理体系，积极参与全球投资规则制定，为民企对外投资营造更有利的国际环境。

关键词：民营企业　对外经贸　发展特点　面临问题　对策建议

本报告主要介绍了2017—2018年我国民营企业对外经贸发展的情况和特点，分析了遇到的问题和挑战，并提出了相应的对策建议。

一、2017—2018年我国民营企业对外经贸发展状况和特点

（一）2017—2018年我国民营企业对外经贸合作的发展状况

本部分主要介绍2017—2018年我国民营企业对外贸易和境外投资的发展情况。

1. 民营企业在我国外贸发展中的地位进一步巩固

2017年以来，中国民营企业积极适应内外环境的复杂变化，继续发挥经营机制灵活、适应环境能力强的优势，努力培育以技术、品牌质量、服务为核心的外贸竞争新优势，进出口实现较快增长，为外贸保持回稳向好的势头做出了积极贡献，在中国外贸发展中的地位进一步提升。

2017年，全球经济温和增长，国际市场需求总体回暖，中国经济延续稳中有进、稳中向好态势，外贸发展取得显著成绩，进出口增长超出预期，结构进一步优化，质量效益继续提升。2017年，中国货物贸易进出口总额27.80万亿元人民币，同比增长14.2%，扭转了连续两年负增长的局面，增速创6年来新高，外贸回稳向好态势持续巩固。其中，中国货物贸易出口15.33万亿元，同比增长10.8%；进口12.47万亿元，同比增长18.7%。同期，中国民营企业进出口10.8万亿元，同比增长15.3%，占中国进出口总额的38.5%，比2016年提高0.4个百分点，对进出口增长的贡献率达41.2%。其中，中国民营企业出口7.14万亿元，同比增长12.2%，占出口总额的46.6%，比2016年提高0.6个百分点；进口3.67万亿元，增长21.8%（见表1）。

表1 2017年民营企业在中国外贸进出口贸易中的表现情况

单位：万亿元、%

类别	中国外贸总值		民营企业外贸		
	金额	同比增长	金额	同比增长	占比
进出口	27.80	14.2	10.8	15.3	38.5
出口	15.33	10.8	7.14	12.2	46.6
进口	12.47	18.7	3.67	21.8	29.4

数据来源：商务部综合司、国际贸易经济合作研究院.《中国对外贸易形势报告（2018年春季）》。

2018年以来，面对世界经济政治格局深刻调整、形势更加错综复杂的外部环境，中国对外贸易保持稳中向好态势，增速总体平稳，结构持续优化。2018年前三季度，中国货物进出口总额22.28万亿元，同比增长9.9%。其中，中国货物出口11.86万亿元，同比增长6.5%；进口10.42万亿元，同比增长14.1%。同期，中国民营企业进出口8.85万亿元，同比增长12.3%，占进出口总额的39.7%，比2017年同期提升0.9个百分点。其中，中国民营企业出口5.68万亿元，增长8.6%，高于中国出口整体增速；占出口总额的47.9%，所占比重较2017年同期提升1个百分点，继续超过外资企业（41.6%）和国有企业（10.5%），出口第一大经营主体地位进一步巩固；进口3.17万亿元，同比增长19.5%，占进口总额的比重为30.4%，所占比重较2017年同期提升1.4个百分点，增速高于中国进口整体增速（14.1%），也远高于外资企业进口的增速（6.9%）（见表2）。

表2　2018年前三季度中国不同性质企业进出口贸易情况

单位：万亿元、%

项目		出口			进口		
		金额	同比增长	占比	金额	同比增长	占比
中国外贸总值		11.86	6.5	100	10.42	14.1	100
企业性质	国有企业	1.25	7.0	10.5	2.69	22.0	25.8
	外商投资企业	4.93	3.1	41.6	4.57	6.9	43.8
	民营企业	5.68	8.6	47.9	3.17	19.5	30.4

数据来源：商务部综合司、国际贸易经济合作研究院.《中国对外贸易形势报告（2018年秋季）》。

2. 民营企业继续成为境外投资主力军

2017年，我国民营企业境外投资呈现更加积极的发展态势，中国民营企业占对外投资存量的比重升至过半。根据商务部、国家统计局和国家外汇管理局发布的《2017年度中国对外直接投资统计公报》公布的统计数据，截至2017年年末，中国对外非金融类直接投资存量达16 062.5亿美元，其中以民营企业为主的非国有企业占比较上年提升5.2个百分点，达50.9%，超过国有企业，成为对外投资当之无愧的主力军。

我国民营企业在积极地参与海外并购，以寻求业务增长及板块多元化，取得非常明显的成效。据《2017年度中国对外直接投资统计公报》显示，

2017年中国企业对外投资并购依旧活跃，共实施完成并购431起，涉及56个国家（地区），实际交易总额1 196.2亿美元。

2018年，民营企业继续成为中资境外并购的主力军。根据晨哨并购公布的相关监测数据，由民营企业发起的海外并购共计419宗，披露交易金额合计1 138.94亿美元，民企境外并购交易宗数占全部中资企业境外并购宗数的85.16%，民企境外并购披露交易金额占全部中资企业境外并购披露交易金额的78.67%。中国民营企业阿里巴巴、腾讯等TMT领域巨头纷纷加速海外布局，2018年由这两家互联网巨头发起的海外投资并购有二十余起。2018年2月，中国民营企业吉利集团通过旗下海外企业主体以90亿美元收购戴姆勒股份公司9.69%具有表决权的股份，成为戴姆勒公司最大的单一股东。

（二）2017—2018年我国民营企业对外经贸发展特点

2017—2018年，我国民营企业对外经贸蓬勃发展，形成点面结合、大中小企业协同发展的格局，呈现出如下若干新特点：

1. 出口第一大经营主体地位进一步巩固

2017年和2018年前三季度，中国民营企业进出口增速均高于中国外贸整体增速。2017年，中国民营企业进出口同比增长15.3%，出口同比增长12.2%，进口同比增长21.8%，分别高于同期中国外贸整体进出口增速（14.2%）、出口增速（10.8%）和进口增速（18.7%）。2018年前三季度，中国民营企业进出口同比增长12.3%，出口同比增长8.6%，进口同比增长19.5%，分别高于同期中国外贸整体进出口增速（9.9%）、出口增速（6.5%）和进口增速（14.1%）。2018年前三季度，中国民营企业出口额占中国出口总额的比重较2017年同期提升1.1个百分点，继续超过同期外资企业和国有企业所占比重，出口第一大经营主体地位进一步巩固。

2. 继续发挥独特优势成为境外并购主力军

无论是相对于国内的国有企业还是发达国家的跨国公司，中国民营企业在境外并购中都具备独特的优势。相对于发达国家的跨国企业，中国民营企业"船小好调头"，结构简单、经营灵活、适应性快，管理成本较低；而与国内的国企相比，民营企业海外并购在国内核准环节受限相对较少，民营企业在境外因政治和舆论等因素造成的投资障碍也相对较少。民营企业并购活跃度远超国有企业，继续呈现积极的发展态势，依然是2018年中资境外并购的主力军。

3. 并购逐渐转向规模大、涉及高端技术与品牌的项目

我国民营企业的海外并购初期的普遍项目规模小、技术含量低，近年来逐渐转向项目规模大、涉及高端技术与品牌的并购。这其中不乏并购金额超大、涉及高端技术与品牌的成功案例，如2017年2月，民营企业中国华信和中石油集团共同收购阿布扎比国家石油公司（ADNOC）陆上最大油气区块12%的股权是该领域2017年度最大金额并购项目。其中，中国华信能源获得阿布扎比陆上租让合同区块4%权益，合同期40年，投资额8.88亿美元。又如，2017年7月，万科等组成的联合体以116亿美元收购新加坡物流地产巨头普洛斯（GLP，即全球领先、亚洲最大的现代物流设施提供商），成为由民营巨头主导的现代物流行业的大额交易。

4. 信息通信技术等行业海外并购提速

阿里巴巴、腾讯等信息通信技术领域巨头纷纷加速海外布局。根据晨哨并购的相关统计数据，2018年由这两家互联网巨头发起的海外投资并购有二十余起。此外，随着人工智能、物联网、大数据等领域市场需求的增加，中国企业寻求海外引进先进技术，加强相关领域布局。如巨人网络205亿元收购以色列大数据分析公司Playkita。

二、当前我国民营企业对外经贸发展面临的主要问题与挑战

我国民营企业对外经贸呈现更加活跃的发展态势，其发展前景将更加美好，同时也遇到了亟待解决的一些问题与挑战。

（一）主要发达国家贸易保护主义明显抬头

随着全球经济复苏进程中风险积聚，主要发达国家反全球化浪潮上升，全球主要发达国家贸易保护主义、单边主义明显抬头，给我国经济和市场预期带来诸多不利影响，也对我国民营企业的出口带来严峻的挑战。2016年6

月，英国举行"脱欧"公投，并于2017年3月16日正式启动脱欧程序。2018年11月20日，英国与欧洲联盟达成"脱欧"协议草案，约定英国正式"脱欧"后设置为期21个月的过渡期，直至2020年年底。英国即将脱欧，欧盟将失去主张自由贸易的英国，其贸易保护主义倾向有可能加强。2017年5月，法国马克龙当选总统，虽然暂时避免了勒庞代表的法国极右翼势力上台，但马克龙也有贸易保护主义色彩，主张欧盟实施"买欧洲产品法案"（Buy European Act）。马克龙执政一年半后，2018年11月17日开始，法国爆发近十年来最严重的暴力抗议——"黄马甲"运动，使马克龙面临严重的执政危机，政治声誉严重受损，民众满意度从当选之初的62%跌到了23%，或许为法国极右翼势力上台带来可乘之机。一旦极右势力上台，法国贸易保护主义倾向将更加明显。

美国总统特朗普坚持"美国优先"，上台以来实施一系列保护主义政策，特别是从2018年3月开始，中美贸易摩擦不断升级，严重影响了中美两国的正常经贸关系，也为我国民营企业对外贸易发展带来严峻的挑战。2018年3月8日，特朗普宣布对钢铁和铝制品分别加征25%和10%的关税，打响中美贸易战第一枪。2018年4月4日，美国贸易代表基于301调查结论，公布将于7月6日起对1 333种、总值500亿美元的中国商品加征25%的关税。2018年9月18日，中美贸易摩擦进一步升级，美国贸易代表办公室宣布从9月24日起对价值2 000亿美元中国进口商品征收10%的关税，并将从2019年1月1日起，将税率提高到25%。中美贸易摩擦带来的加征关税将会丧失我国企业的成本优势，美国作为我国重要的出口市场，民营企业作为我国出口的第一大经营主体，可谓首当其冲，面临着巨大的挑战。2018年12月初，习近平主席在阿根廷同美国总统特朗普会晤达成共识，决定停止加征新的关税，将延迟到2019年3月初决定是否提高关税率。目前双方经济工作团队正在进行磋商，但可以发现中美两国的分歧仍然很大，短期内达成双赢的协定存在较大的不确定性。

（二）欧美投资安全审查呈进一步收紧趋势

根据联合国对各国投资法规的调查发现，2018年前10个月，各国政府采取的投资规定中有30%是收紧性规定，这是自2010年以来最高的数字。2018

年以来，美国、德国、英国、澳大利亚等国家陆续出台限制外资并购本国企业的政策规定，显示跨境并购面临的投资审查政策呈进一步趋紧趋势，使得包括民营企业在内的中资企业境外并购交易频频受阻。仅2018年上半年，美国外资投资委员会（CFIUS）通过安全审查机制否决了至少8起广受关注的中资企业在美国的并购交易，包括蚂蚁金服、蓝色光标等知名中国民营企业发起的并购。2018年7月26日，备受瞩目的美国《外国投资风险评估现代化法案2018》（简称《FIRRMA2018》）获得美国众议院决议通过，并于8月13日被纳入美国《2019财年国防授权法》（NDAA），经美国总统特朗普签署正式生效。该法案进一步强化了美国安全审查机制，大幅扩大美国外商投资委员会（CFIUS）的审查权限，加强对来自重点关注国家投资交易的审查力度，并扩大其对特定交易活动的审查范围。在当前中美贸易摩擦背景下，此法案出台，来自中国的投资将被重点关注，预计将对包括民营企业在内的中国企业赴美投资带来更多的障碍和风险。

对"走出去"的中国民营企业来说，遭遇美国的安全审查或许习以为常，而中国民营企业在欧洲并购也将面临更严格的投资安全审查。英国和德国的相关部门也加强了对外商投资的监管。2018年6月，英国议会通过立法修订了《企业法》中关于军品和军民两用品、计算机硬件和量子技术三个特定领域的投资审查门槛，将政府启动外资并购国家安全审查的门槛从7 000万英镑降至100万英镑；2018年7月24日，英国发布《国家安全和投资》白皮书，提出进一步扩大政府对外资安全审查的范围，政府可"介入"可能引起国家安全风险的交易。2018年12月，德国内阁讨论并通过修改对外贸易条例，在涉及德国国防以及关键基础设施领域，对非欧洲实体收购德国公司股权政府展开安全调查的门槛从之前的25%降至10%。2017年9月，欧盟委员会提出要在欧盟层面建立外资审查框架，当成员国境内的外国直接投资影响欧盟利益时，欧盟委员会将启动审查程序。2018年11月20日，欧盟发布声明称各方已就外资审查框架草案在布鲁塞尔达成了共识。从已经公布的内容来看，欧盟外资审查框架法案将"高科技行业"纳入考量，而高科技行业是中国民营企业赴欧并购的重点领域。因此，今后民营企业并购欧盟成员国的企业将面临更严格的审查。

（三）民企对外投资中融资难的问题依然没有得到好的解决

我国民营企业在境外投资过程中普遍遇到的融资难问题依然没有得到较好解决。第一，融资成本偏高。即便是政策性银行，融资利率也偏高。由于综合成本很高，往往导致企业在国际投标活动中缺乏竞争力。第二，中资银行在境外的分支机构网点少、规模小，综合金融服务能力难以满足企业需求。第三，融资难的问题还表现在风险分担机制尚待完善，普遍遭遇后续融资难问题，国际商业融资管理相对严格，政策性金融支持相对滞后等。

（四）企业和人员的安全保障问题日益突出

近年来民营企业境外投资遇到的企业和人员的安全保障问题日益突出。国际安全形势依然复杂严峻，各种地区冲突和局部战争此起彼伏，特别是"一带一路"沿线国家与地区处于新旧体制转轨期，社会矛盾、宗教矛盾、种族矛盾等问题尖锐，冲突不断，中国企业驻外机构和人员的人身和财产都面临极大风险。2018年4月10日，孟加拉国北部朗布尔区戈伊班达县，当地村民因抗议某孟中合资企业建设太阳能电厂事宜与警方发生冲突，并对该企业的安萨尔（Ansar）营地实施纵火，遭警方鸣枪驱散，对峙冲突造成10人受伤，其中4人受枪伤。2018年11月5日，赞比亚中部铜带省境内、赞比亚第二大城市基特韦（Kitwe），因谣传称政府计划将国有企业"赞比亚林业公司"（ZAFFICO）出售给中国民营企业买家，当地民众举行排华集会示威，基特韦的奇姆韦威等地区，多家中资商铺遭打砸抢，造成严重财产损失。2018年11月27日，在阿尔及利亚，4名中国工人遭到6名本地人行凶并抢劫，其中1名工人死亡。面对安全保障问题日益突出的形势，我国民营企业在安全防范方面普遍投入不足，部分民营企业片面重项目经济效益，对"走出去"人员安全保障培训、教育重视不够，造成派出人员素参差不齐。

此外，某些国家按照国内法进行所谓的"长臂管辖"，肆意侵犯中资企业境外机构和人员的人身和财产安全。如2018年12月1日，华为CFO孟晚舟从加拿大转机时，美国以华为违反伊朗制裁令为由要求加拿大方面代表美国政府予以扣留，并申请引渡。

三、对策建议

我们要以习近平新时代中国特色社会主义思想为指导，贯彻落实党的十九大精神和习近平总书记在民营企业座谈会上的讲话精神，为民营企业营造公平友善的发展环境；妥善应对贸易保护主义，捍卫民营企业对外贸易合法权益；积极应对投资安全审查，防控民营企业对外投资风险；引导民营企业提升外贸竞争新优势，促进对外贸易可持续发展；创新对外投资方式，提升贸易投资的联动效益；多渠道解决民营企业对外投资中的融资问题；构建完善对外投资国家风险评级、预警和管理体系；积极参与全球投资规则制定，为民营企业对外投资营造更有利的国际环境。

（一）贯彻落实习近平总书记在民营企业座谈会上的讲话精神，为民营企业营造公平友善的发展环境

贯彻落实习近平总书记2018年11月1日在民营企业座谈会上的讲话精神，不断为民营经济营造公平的发展环境，帮助民营经济解决发展中的困难，支持民营企业改革发展，让民营经济创造活力充分迸发。

1. 加快清理带有所有制歧视的各种政策法规和做法

正视民营企业在平等保护产权、平等参与市场竞争、平等使用生产要素等方面面临的问题，推进产业政策由差异化、选择性向普惠化、功能性转变，加快清理违反公平、开放、透明市场规则的政策法规和歧视性做法，并禁止继续出台妨碍全国统一市场、限制公平竞争的政策法规，为民营企业享受公平竞争的环境提供法制保障。

2. 全面实施市场准入负面清单制度，打破各种"旋转门"

全面落实经中共中央、国务院批准，国家发展改革委、商务部2018年12月25日发布的《市场准入负面清单（2018年版）》，对负面清单以外的行业、领域、业务等，依法保证民营企业在内的各类市场主体皆可依法平等进入，实现规则平等、权利平等、机会平等。要按照习近平总书记在民营企业座谈会讲话中强调的，"要打破各种各样的'卷帘门''玻璃门''旋转门'"，在市场准入、审批许可、经营运行、招投标、军民融合等方面，为民

营企业打造公平竞争环境，给民营企业发展创造充足市场空间"。

3. 减轻企业税费负担

要按照习近平总书记在民营企业座谈会讲话中强调的，"要加大减税力度。推进增值税等实质性减税，而且要简明易行好操作，增强企业获得感。对小微企业、科技型初创企业可以实施普惠性税收免除。要根据实际情况，降低社保缴费名义费率，稳定缴费方式，确保企业社保缴费实际负担有实质性下降。既要以最严格的标准防范逃避税，又要避免因为不当征税导致正常运行的企业停摆。要进一步清理、精简涉及民间投资管理的行政审批事项和涉企收费，规范中间环节、中介组织行为，减轻企业负担，加快推进涉企行政事业性收费零收费，降低企业成本"。

（二）妥善应对贸易保护主义，捍卫民营企业对外贸易合法权益

中美经贸摩擦将会持续较长一段时间，应做好打持久战的准备。我国政府部门、行业商协会和民营企业应多方合作，积极妥善应对日益猖獗的贸易保护主义，捍卫民营企业对外贸易合法权益。

1. 政府部门坚持市场导向改革，合理构筑补贴机制

第一，坚持市场导向改革，落实中央扩大对外开放的重大举措，遵守加入世界贸易组织时候的承诺，不触碰世贸组织规则中补贴纪律的"红线"，不搞进口替代补贴和出口补贴。第二，认真研究主要贸易伙伴的国内相关法律，从而在政策制定过程中，不触碰他们国内有关补贴的法律"红线"。第三，相关部门应当加强对于补贴政策性质的审查，特别是"专向性"审查。在符合我国市场经济要求的前提下，选择接受补贴的对象和范围，从而防止不合理的财政资助对政策的市场经济秩序产生干扰。第四，政府部门还应规范支持特定产业发展的政策性文件的用语，防止授人以柄。特别是在对外公开的文件中，尽量避免出现"提供优惠贷款""对关键领域、重点项目给予资金支持"等容易引发非议的表述，应慎重使用"政府资助、政府支持"等措辞，以防止贸易伙伴以此为证据指控我国政府存在补贴行为。

2. 行业商协会等机构牵头捍卫民营企业对外贸易合法权益

行业商协会等机构牵头利用法律手段妥善应对某些发达国家发起的反补

贴、反倾销调查案件，捍卫我国民营企业对外贸易的合法权益。

一是全国工商联下属的行业商协会可以组织本行业民营企业集体应诉。如全国工商联纺织服装商会，可以组织纺织服装行业的民营企业集体应诉，建立本行业企业集体应诉基金，不仅解决单个企业应诉力量弱小、难以形成影响力的问题，而且会降低单个企业的应诉成本，同时解决一些企业不应诉"搭便车"的现象。

二是积极建立我国贸易摩擦预警体系。商协会利用自身所具备的信息优势，与政府企业共同建立我国贸易摩擦预警体系。一方面，行业商协会应该建立完整的出口指标监测体系，对加强本行业出口产品的数量、价格和市场变化等方面的监测，避免过度依赖某个国家市场，对出口产品可能遭受的贸易保护进行及时预警。另一方面，行业商协会还应建立专门机构负责收集和研究各主要贸易国的贸易壁垒信息，尤其是正在制定中的规则，以便尽快制定应对策略。

3. 民营企业主动实施市场多元化战略，积极开拓新兴市场

我国民营企业应合理分配出口额度，避免"把所有鸡蛋都放入一个篮子里"的过度依赖某些发达国家市场的局面。要积极拓展"一带一路"国家的市场，既符合国家战略导向，也符合规避发达国家贸易保护主义风险的要求。另外，非洲、拉丁美洲、大洋洲等地区的市场也应积极开拓，从而降低对欧美发达国家市场的依赖，减少贸易摩擦风险。

（三）积极应对投资安全审查，防控民企对外投资风险

以应对美国《外国投资风险评估现代化法案2018》为例。从该法案可以明确看出，美国对于来自中国的投资是重点关注且区别对待的，这需要打算赴美投资的中国民营企业加强对该法案内容的全面评估，搞清楚审查的敏感产业清单，积极借鉴日本企业赴美并购应对美国安全审查的经验，积极完善企业治理结构，积极开展与美国方面沟通和交流。

1. 加强对该法案内容的全面评估，搞清楚审查的敏感产业清单

要及时更新对美国安全审查制度的认识和了解，确定出美国外资投资委员会（CFIUS）审查的敏感产业清单，减少中国民营企业对美投资的阻力。此

次法案规定的投资审查范围已经扩大到一些明显针对中国企业的领域，如关键技术及关键基础设施行业的投资，在这种情况下，继续实行以往的对外投资战略必将受阻，我国民营企业应及时"刹车"。因此，亟待国家相关方面出台指导性政策，按照投资并购对象所在行业，分别给予投资者不同级别的敏感预警，帮助企业尽可能避开监管"雷区"，提高赴美投资的可行性。同时，密切跟踪法案实施过程中对我国企业产生的影响，及时调整应对策略。

2. 积极借鉴日本企业赴美并购应对美国安全审查的经验

20世纪80年代，日本对美投资快速增加，引起美国政府的密切关注，美国外资投资委员会开始对日本企业的并购投资进行严格审查，防止产业竞争力受日本企业威胁。当前，我国对美投资也面临日本当时类似的情况。可以借鉴日本努力避免经贸摩擦、促进双向开放等手段来缓解美国"紧张"的情绪。一条可借鉴的经验是在美收紧对日资企业安全审查的背景下，日本企业与美国当地经济深度融合，带动了美国原材料、中间产品、服务的出口。我国民营企业可以围绕非敏感领域进行战略投资，利用中国资本为美国增加就业。

3. 积极完善企业治理结构，积极开展与美国方面沟通和交流

中国民营企业赴美投资应积极完善企业治理结构，提高企业的透明度，积极开展与美国媒体、研究机构等的沟通和交流，通过介绍企业的投资动机和做法、宣传给当地带来的好处等方式，来表达合理诉求、塑造企业良好形象，有助于加深双方理解、增信释疑。

（四）引导民营企业提升外贸竞争新优势，促进对外贸易可持续发展

政府部门要落实党的十九大精神，引导民营企业拓展对外贸易，培育贸易新业态和新模式，为贸易强国建设做贡献，促进对外贸易可持续发展。具体可从以下三方面积极推进落实：一是积极推进民营企业外贸新旧动能转换，培育外贸新业态，进一步健全和完善外贸综合服务平台和跨境电商平台，为中小微企业提供通关、收汇、退税、外贸托管等专业化服务。二是全力支持民营企业开拓国际市场，引导民营企业积极参与"一带一路"建设。加快推进与"一带一路"沿线国家的经贸洽谈与合作，借机推介我国民营企

业的优质产品。三是引导民营企业优化出口产品结构，提高高新技术产品和服务贸易出口比重，大幅度提高民营企业出口产品的技术含量和附加值，保持民营企业出口活力。

（五）创新对外投资方式，提升贸易投资的联动效益

应按照党的十九大精神，积极鼓励民营企业创新对外投资方式，从产业链、供应链角度提升贸易投资的联动效益，形成面向全球的贸易、投融资、生产、服务网络。为克服民营企业对外投资合作项目的"碎片化"现象以及同贸易的联动性不强，需鼓励民企通过链条式转移、集群式发展、园区化经营等方式走出去。第一，支持民营企业组成联合体或采用联盟方式抱团走出去，发挥骨干企业的带动作用，实行资源开发与基础设施建设相结合、工程承包与建设运营相结合，探索"资源、工程、融资"捆绑模式，进行跨领域、跨行业项目打捆投资，扩大投资影响力，实现综合投资效益最大化。第二，鼓励建设境外经贸合作区、跨境经济合作区等各类产业园区，通过专业化园区运营，整合各类生产要素，搭建产业合作平台，吸引国内民营企业入园投资，促进集中分布、集群发展。第三，贯彻落实《关于推进国际产能和装备制造合作的指导意见》，支持装备制造走出去过程中，鼓励民营企业提升跟随性服务水平，在境外设立加工组装、境外分销、售后服务基地和全球维修体系，带动装备和服务出口。

（六）多渠道解决民营企业对外投资中的融资问题

贯彻落实习近平总书记在民营企业座谈会上的讲话精神，多渠道解决民营企业在对外投资中的融资问题。第一，加大财政、税收的支持力度，为民营企业境外投资提供资金支持。第二，改革和完善金融机构监管考核和内部激励机制，把银行业绩考核同支持民营经济发展挂钩，解决不敢贷、不愿贷的问题。第三，扩大金融市场准入，拓宽民营企业融资途径，发挥民营银行、小额贷款公司、风险投资、股权和债券等融资渠道作用。第四，完善境外投资的金融服务体系，金融机构将业务重点转向对外投资分布的主要区域，不断强化银行系统对民营企业境外投资支持。第五，建议丝路基金、中

拉产能合作基金等多边和双边金融机构为民营企业对外投资合作提供稳定的股权性资金支持。

（七）构建完善对外投资国家风险评级、预警和管理体系

第一，国家财政应加大对研究机构和高校在国家风险识别与评估方面研究的支持力度。加强对安全问题突出的国家和地区有关政治经济形势、民族宗教矛盾、社会治安状况、恐怖主义活动等信息的收集工作，适时以相应方式经授权发布，提醒我境外企业和人员采取适当预防和自我保护措施。进一步完善政府对外经贸合作公共服务，加强对相关企业的风险防范培训，提供准确、前沿、全面的信息支持。第二，引导境外投资的民营企业要将一定比例的费用用于境外安保支出。在国家支持下成立民间化、市场化、国际化的国际安保机构以服务和保障民营企业走出去的安全防范。第三，加强对出国企业人员的防战、防恐、防疫、防盗等领保、安保工作的教育与培训。第四，加快《对外直接投资保险法》的立法，适度提高中国出口信用保险公司的注册资金规模，强化其海外投资保险业务。

（八）积极参与全球投资规则制定，为民营企业对外投资营造更有利的国际环境

继续加快推进同有关各国、地区的投资协定谈判，包括继续推进中美和中欧投资协定谈判，加快实施自由贸易区战略，确立高标准的投资保护体系，推进贸易投资自由化和便利化，为我国民营企业参与对外投资提供充分的制度保障和法制保护。同时要通过援外和外交公关讲好，化解"中国威胁论"等政治风险，传播正面的国家形象，遏制投资保护主义，构筑和谐共赢的对外经贸关系，从而为民营企业对外投资营造更有利的国际环境。

（闫实强，商务部国际贸易经济合作研究院，副研究员）

区 域 报 告

2017—2018年京津冀民营经济发展报告

摘要：京津冀区位优势独到，民营经济发展潜力巨大，在各级党和政府不断为民营经济发展释放出政策红利背景下，在以疏解非首都功能为突破口的京津冀协同发展和"一带一路"倡议实施的基础上，各地营商环境不断优化、放管服改革不断深入、区域内技术创新与研发能力和规模不断提升，京津冀区域民营经济一体化进入快车道，京津冀区域民营经济发展成为我国经济高质量发展的又一引擎。

关键词：京津冀　疏解非首都功能　协同发展　"一带一路"　经济一体化　高质量发展

2017年是党的十八大圆满收官之年，也是实施"十三五"规划的关键之年，京津冀区域各级民营经济主管部门认真落实党委、政府经济工作部署，坚持稳中求进工作总基调，树立和贯彻新发展理念，适应把握引领经济发展新常态，以提高发展质量和效益为中心，大力优化营商环境，深入推进创业创新，着力加强公共服务，推动民营经济走加快转型、绿色发展、跨越提升新路，区域民营经济保持了稳中有进、稳中向好的发展态势。

一、区域民营经济发展基本情况

2017年，京津冀三地民营经济单位数达596.71万个，比2016年增加了51.57万个，其中企业法人单位数达222.29万个。民营经济从业人员3 785.57万人，比上年增加144.64万人。上缴税金5 862.62亿元，比上年增加682.01亿元。

（一）民营经济产业结构进一步趋于合理

京津冀三地民营经济结构在主导产业继续发挥作用的前提下，产业结构进一步趋于合理。

北京市民营经济的产业结构分布及数量变化：一是农业持续转型升级，现代农业稳步发展。2017年，全市第一产业实现增加值120.5亿元，下降6.2%，在全市GDP中占比0.42%。粮食播种面积继续下降，畜牧养殖加速缩减，符合城市功能定位的生态型、都市型现代农业稳步发展。二是工业生产增势稳定，效益效率不断提升。2017年全市第二产业实现增加值5 310.6亿元，增长4.6%，制造业私营企业和从业人员数量都有所下降，产业疏解退出取得阶段性成果。三是第三产业走势平稳，优势行业发挥带动作用。第三产业实现增加值22 569.3亿元，增长7.3%，占比达到80.55%，金融、科技服务、信息服务等优势行业快速增长，对全市经济增长的贡献率合计达到53.3%。

天津市民营经济的产业类型分布及数量变化：一是现代化农业加快发展。天津市民营经济第一产业占2.48%，增长1.6%。累计建成放心菜基地234个，完成312家放心肉鸡养殖基地升级改造，建成180个放心猪肉基地。培育市级以上龙头企业182个，一村一品专业村123个。市农委印发《农业系统支持民营经济发展二十条措施》，提升联农带动能力，促进农业企业不断发展壮大。二是工业结构调整逐步深入。民营经济第二产业实现增加值3 817.43亿元，民营企业增加值下降4.1%。三是第三产业新兴业态发展迅速。第三产业占比54.26%，增长6.6%。其中租赁和商务服务业增加28.3%，占全市比重的61%，科学研究和技术服务业增长89.7%，占全市比重的80.7%。

河北省民营经济的产业结构分布及数量变化：全省民营经济第二产业占比62.74%，比2012年下降8.9个百分点，其中工业占比57.7%，比2012年下降9.1个百分点，第三产业占比则由2012年的27.8%上升到35.33%。

（二）固定资产投资稳中有升

北京市民间投资完成2 654.4亿元，同比下降4%，占全社会固定资产投资的29.66%，同比下降3.02个百分点。随着京津冀协同发展不断深化，北京企业对津冀的投资明显加速，2012—2017年10月，有京企投资的津冀企业注册资本高达11 034.84亿元。天津市政府2017年出台了《关于进一步促进我市民间投资持续健康发展的实施意见》，从农业旅游业、国企混改、基础设施、商贸流通、文化、教育、社会办医、体育产业、养老服务等9个领域进一步放宽市场准入。2017年全年完成民间投资7 092.16亿元，增长4.6%，快于全市4.1个百分点，占全市投资的比重为62.9%。投资结构持续调整优化，其中工业优势产业投资增长6.9%，"三新"产业投资增长30.5%，高技术服务业投资增长66.6%。河北省2017年全年完成固定资产投资20 385亿元，占全社会固定资产投资总额的六成以上，比全省固定资产投资增速高3.1个百分点，增幅同比小幅回升，保持了持续增长。2017年民营企业投资亿元（含）以上施工项目3 500多个，完成投资占全部民营企业投资的42.6%，当年投产项目达2 000个，对推进民营经济产业结构持续优化发挥了重要作用。

（三）民营企业进出口增势明显恢复

北京市2017年民营企业进出口总额为279.59亿美元，其中进口171.41亿美元，同比增长3%，占进口总额的6.5%；出口108.18亿美元，同比增长18.5%，占进出口总额的18.5%。天津市2017年民营企业累计进出口2 216.07亿元，同比增长23.29%，高于全市平均进出口增长速度10.3个百分点，其中进口1 477.19亿元，同比增长40.98%，好于全市平均进口增长速度19.09个百分点。河北省2017年完成出口总值266.2亿美元，比2016年增长1.6%。

（四）新经济快速增长成为一大亮点

创新驱动活力增强，文化旅游发展势头强劲。北京市研究与试验发展（R&D）经费支出1 595.3亿元，比2016年增长7.5%，全年技术合同成交额达到4 485.3亿元，增长13.8%；京津冀技术流动更加密切，北京创新技术辐射稳步增强，输出到津冀的技术合同成交额203.5亿元，增长31.5%。中关村充分发挥创新示范作用，重点企业创新产出突出，旅游休闲娱乐、设计服务、软件网络及计算机服务三个领域增长较快。天津市2017年民营企业专利授权

27 447件，占全市的79.8%，有效发明专利13 659件，占全市的49.5%。按照《天津市新一轮中小企业创新转型行动计划（2017—2020年）》部署，2017年已有2 800户民营企业实现创新转型。河北省受投资取向影响，产业结构加快转向高精尖和中高端层次。全省科技型中小企业数量达5.5万家，占全省中小企业比重达到13%；有效期内高新技术企业超过3 100家，其中民营高新技术企业占比超过70%。

（五）社会贡献日益突出

三地非公经济人士积极响应中央统战部、全国工商联号召，开展扶贫帮困行动。北京市广大民营企业积极投身新农村建设和"万企帮万村"精准扶贫工作，截至2018年4月，据光彩事业平台统计，北京民营企业累计参与光彩事业投资类项目1 000余个，到位资金381亿元，就业83.2万人，培训69.4万人，捐赠项目2 000余个，捐款捐物20亿元。2017年200余家民营企业分赴西藏、贵州、河北等地开展考察活动，为打赢精准脱贫攻坚战贡献首善力量。天津市民营企业家积极投身全国"万企帮万村"精准扶贫行动，积极参加光彩事业"凉山行""新疆行"等活动，捐赠超过2 000万元；参加贵州省织金县精准扶贫项目，达成投资意向30亿元。河北省截至2018年1月2日在全国工商联"万企帮万村精准扶贫行动台账"中显示，1 004个民营企业（商会）对口帮扶1 252个贫困村，受帮扶的人口数16.34万人，帮扶资金共计10.97亿元。除此之外，还对口西藏、新疆开展扶贫行动。

二、困扰京津冀地区民营经济发展的问题分析

京津冀区域板块特色明显，区域内经济合作潜力十分巨大，但由于种种原因，其优势尚未充分发挥，主要原因如下：

（一）京津冀三方功能定位长期不科学，导致区域民营经济发展优势没有很好发挥出来

北京是我国的首都，计划经济和改革开放后很长时期，北京既是我国政治文化中心，又是经济教育科研中心，其结果造成了人口急剧膨胀，环境承

载不堪重负，行政办公、居民生活、经济活动成本大增。天津是我国北方重要港口，轻纺、化工、轻工制造等历史悠久，但天津与京冀企业布局有同质化之嫌。河北环抱京津，地域广阔，首都"护城河"定位如实反映了它的职责，但这个护城河该建成什么样的？这个问题没有很好地解决，更多是消极地以单纯牺牲河北经济发展为代价，换取"护城河"的稳定，三地经济联系不够密切，区域内经济资源无法实现优势互补。

（二）高质量发展主题背景下京津冀民营经济克服自身短板实现转型之路举步维艰

改革开放初期，由于物资匮乏，市场准入门槛较低，加之不断升温的房地产市场，区域内高投入、低产出的企业纷纷应运而生，在解决物资匮乏的过程中，产能严重过剩，不仅如此，也对环境造成了深度破坏。在中央"三去一降一补"实施过程中，银行信贷收紧、环保压力不断加大，传统企业或转型升级或淘汰关闭或远走他乡。加之目前企业发展遇到质押融资门槛高、政府部门和大型国有企业欠款多、上市公司股东股权质押平仓风险大等资金困难，制约了民营企业的高质量发展。

（三）科技研发创新管理因改革滞后导致为企业走高质量发展之路的智力支持力度不够

区域内某知名科研创新成果推广平台上，许多成果，企业因其成本太高无法接受，突出表现在企业治污减排设备与技术上，迫于环保要求，基本上企业该上的都上了，但为何还出现偷排现象，就是因为治污减排设备与技术运营成本太高，追根溯源，与技术创新管理行政部门工作滞后不无关系。除此之外，京津冀人才云集、科研院所比比皆是，企业总部在此驻足，另一方面本地有大量中小微企业弱、小、散，缺技术、缺人才，人才管理体制没有跟上时代步伐。

（四）国际上贸易保护主义、单边主义政策推行直接或间接地波及京津冀民营经济发展

京津冀企业产品出口到这些国家或地区，因其高额关税，给企业带来多

方面影响。包括京津冀在内的我国民营经济大多处于国际产业链末端，如果内需市场开发不利，企业不能尽快掌握自主知识产权的核心技术，民营经济发展将始终与危机相伴。

（五）区域内营商环境虽有所改善，但与民营经济发展要求还有许多地方亟待改进

一是市场准入壁垒依然存在。民营企业面临"弹簧门""玻璃门""旋转门"的阻碍。部门行业垄断和其他歧视性的准入政策依然存在，民间资本进入金融、保险、证券、邮政、通讯、石化、电力等行业难度较大。二是税负重。同其他省市置于国际产业链末端的民营企业一样，京津冀三地民营企业普遍税率高，缺少资金和技术优势，难以进入高附加值、高利润的行业领域。三是不作为、乱作为的现象依然存在。三地一些职能服务部门不同程度还存在不作为、乱作为现象，企业经营的隐形门槛仍然存在；公务人员在执法过程中"一刀切"的现象较为严重。四是政策连续性、稳定性、导向性和可操作性亟待提高。

（六）京津冀民营经济整体实力较弱制约着民营经济向外发展

京津冀三地民营经济市场主体数量、从业人员、注册资本金近几年都有所增长，但与民营经济发达地区相比还不够强。京津冀三地2017年入选中国民营企业500强的企业总共才46家，与浙江省（93家）、江苏省（86家）、山东省（73家）、广东省（60家）相比，差距太大。

三、京津冀地区民营经济发展展望

2018年是贯彻落实党的十九大精神的开局之年，是改革开放40周年，是决胜全面建成小康社会、实施"十三五"规划承上启下的关键一年。随着疏解非首都功能工作的推进和"一带一路"建设的实施，京津冀协同发展进入了快车道，京津冀民营经济发展也迎来了发展大好时机。

（一）国家政策为民营经济发展提供了强支撑

党的十九大报告对鼓励支持民营经济发展做出许多重大论述，重申了

"两个毫不动摇"，强调"进一步激发和弘扬企业家精神"，提出要"优化营商环境""加强对中小企业创新的支持""构建'亲''清'政商关系"，为新时代民营经济的发展绘制了新的壮美蓝图。党中央、国务院首次就更好发挥企业家作用印发了《关于营造企业家健康成长环境弘扬优秀企业家精神更好发挥企业家作用的意见》。最高人民检察院下发了《关于充分发挥职能作用营造保护企业家合法权益的法治环境支持企业家创新创业的通知》，提出要依法保护企业家合法权益和正常经营活动。党中央、国务院对民营企业家和民营经济的高度重视，必将促进民营经济更好地发展。

（二）京津冀功能科学定位为破解区域民营经济一体化发展奠定了基础

以疏解非首都功能为突破口的京津冀协同发展战略上升为国家发展战略，雄安新区建设稳步推进，京津冀三地党委、政府为民营经济发展不断推出政策红利，为三地民营经济发展提供了广阔空间。一是京津冀协同发展向纵深推进。京津冀地区市场活力将加速释放，人才、技术、资本等创新要素的聚集和流动，将为三地协同发展注入新动力。二是通过优化空间布局、深化产城融合，强化城市创新形象，将逐步构建起以"高精尖"为特色，集科研、企业孵化、中试、产品转化为一体的产业集群。用集群创新增强经济发展的核心竞争力和内生动力，驱动经济平稳健康发展。三是通过国家战略层面政策引导促进三地协同发展，三地民营经济以市场为内在动力向一体化方向积极迈进。

（三）营商环境更加优化

通过实施分类管理、精简审批前置要件、"多规合一"平台统筹、互联网＋政务服务等多项组合拳，为企业创造审批少、流程优、效率高、服务好、稳定公平透明可预期的营商环境。通过最大限度地给企业松绑减负、提供服务，持续激发市场主体活力和社会创造力，从而实现更高质量、更有效率、更加公平、更可持续的发展。

（四）转型升级成效显著

经过多年努力，转变发展方式、调整经济结构取得明显成效，服务主导、高端引领的内生动力进一步增强，科技创新、文化创新的资源优势和政策效应持续显现，各方面推动科学发展、促进社会和谐的积极性不断提高。三地民营经济将以更小的投入获得更大的产出和更高的附加值，不断推动本地区经济结构向高端化、高质化发展。

四、进一步大力发展京津冀地区民营经济的对策建议

（一）用好京津冀协同发展机遇，为三地民营经济一体化发展搭桥铺路

不仅做好非首都功能疏解工作，还要让疏解出去的顺利接收好，做到疏解和被疏解功能服务主体兼顾。充分发挥工商联、商协会"联"的优势，为三地民营企业按市场要求实现融合发展，提供信息、联络等服务。从国家战略层面，及时掌握京津冀协同发展战略实施中遇到的问题，确保协同发展战略实施有序稳步推进。

（二）净化知识产权市场，加强知识产权保护

完善知识产权保护立法，加快新兴领域和业态知识产权保护制度建设，加大知识产权侵权违法行为惩治力度；积极推动知识产权证券化发展，建立健全技术交易、转让和扩散机制，激发企业创新活力。

（三）构建"亲""清"政商关系，激发和弘扬企业家精神

用足用好各级党政领导干部联系和服务民营企业、与民营企业家联系机制和渠道。及时了解并切实帮助解决企业生产经营中的问题和困难。大力弘扬企业家精神，引导弘扬爱国、敬业、遵纪守法、艰苦奋斗的精神，弘扬创新发展、专注品质、追求卓越的精神，弘扬履行责任、敢于担当、服务社会的精神，鼓励企业家在推动实现中华民族伟大复兴中国梦的实践中谱写人生

事业的华彩篇章。

（四）助推民营企业以科技实现转型升级

改革技术创新管理机制，让科技创新与研发切实符合市场需要，为企业转型升级提供智力支持。发挥行业商会作用，协助民营企业掌握行业发展动态。建立产学联合机制、搭建知识产权交易平台，激活大学和科研院所的科技创新资源，进一步推动经济新动能的形成和扩展。

（五）加大民营企业家培养力度

深入推进民营企业领军人才、"二代"企业家等高端人才培养工程实施，加强民营经济人才培训基地建设，建设一支素质优良的企业家人才队伍。

（六）助力民营企业开拓市场

深度融入"一带一路"倡议实施当中，突出重点国别和地区、聚焦重点产业，支持优势产能"走出去"发展，打造国际产能合作样板工程。支持区域民营企业组织参加中博会、工博会、国际建筑建材展览会等国内外知名展会，促进产需精准对接。加快打造面向国际的重要开放平台。

编委（排名不分先后）：刘庆丰　王报换　苑庆彬
课题组负责人：刘庆丰
课题组成员（排名不分先后）：李明辉　畅彦周　朱效荣　李金舟
柴　彬　王新春　唐　宁　赵　星
张一鸣　杨　雨　郑海燕　倪建学
侯力永　刘亚娟

2017—2018年长三角地区民营经济发展报告

摘要：作为中国民营经济发展最具活力的区域之一，2017年，长三角地区在供给侧结构性改革深入推进、需求管理政策效应逐步释放和市场预期明显改善的综合作用下，加之全球经济稳步复苏，民营经济趋稳向好的态势更加巩固，总量规模、质量效益、创新创业均有新成效，奠定了高质量发展的坚实基础。

2017年，长三角地区民营经济实现增加值89 312.9亿元，同比增长11.2%，其中浙江、江苏民营经济均已超过半壁江山。企业综合实力和规模不断壮大，2018年度全国民营企业500强中，长三角占197席，占比39.4%。长三角地区民营经济发展市场主体活力更强、民间投资占比回升、贸易总额增速较快，对税收和就业做出了重要的贡献。

2017年，长三角地区民营经济还面临着"三山""三门"等发展制约。但也迎来了前所未有的机遇，尤其是党的十九大就鼓励支持民营经济发展做出许多新的重大决策，为民营经济高质量发展指明了方向。基于此，我们从优化营商环境、推动降税减费、完善法治建设、强化创新驱动等方面提出促进民营经济高质量发展的对策建议。

2017年，面对错综复杂的外部发展环境，长三角地区以习近平新时代中国特色社会主义思想为指引，认真贯彻中央决策部署，坚持稳中求进工作总基调，统筹做好稳增长、促改革、调结构等各项工作，发展环境得到进一步优化，民营经济总量规模、质量效益、创新创业均有新成效，为地区经济社会发展做出了重要贡献。

关键词：长三角地区　民营经济　发展报告

一、2017年长三角民营经济发展总体概况

（一）增势稳健，经济总量持续增加

2017年，长三角地区民营经济继续保持平稳健康的发展态势。全年实现经济增加值89 312.9亿元，同比增长11.2%，占三地生产总值的53.23%。其

中，上海市实现民营经济增加值7 892.81亿元，同比增长5.8%，在全市生产总值中的比重为26.2%；江苏省实现民营经济增加值47 589.1亿元，同比增长7.6%，占全省GDP的比重为55.4%；浙江省实现民营经济增加值33 831亿元的，同比增长9.9%，占全省GDP的比重为65.4%。

（二）创业积极，市场主体活力增强

2017年，长三角地区创业创新动力和市场活力不断增强。长三角各类市场主体累计1 595.38万户，累计私营企业609.43万户，比2016年增加90.71万户。其中，上海市民营市场主体共计216.88万户，同比增长12.2%；私营企业171.10万户，注册资本12.16万亿元。江苏省民营市场主体共计809.5万户，私营企业共计259.33万户，同比增长16.11%；私营企业注册资本总额12.9万亿元，同比增长31.2%，注册资本超过1亿元的私营企业达15 165户。浙江省民营市场主体共计569万户，私营企业共计179万户，同比增长17%，每千人拥有民营企业32家。2018年全国工商联公布的民营企业500强榜单，长三角占197席，占全国39.4%。

（三）投资强劲，民间投资占比回升

2017年，长三角地区民营经济完成投资55 604.62亿元，同比增长4.7%。其中，上海市民营企业完成民间投资452.62亿元，占全市固定资产投资的比重为25.0%，较2016年提高0.2个百分点。江苏省完成民间投资3.7万亿元，同比增长9.5%，占全部投资的比重为70.7%，较上年同期提高1.4个百分点。浙江省民间投资18 152亿元，同比上年增长10.4%，占全省固定资产投资总额的58.3%，较2016年同期提高2.7个百分点。

（四）外贸向好，贸易额度增速较快

2017年，全球贸易环境整体有所改善，市场需求回暖，对外贸易增长速度较快，民营企业表现尤为突出。三地民营企业总计实现进出口总额34 941亿元。其中，上海市民营企业实现进出口总额6 030.91亿元，同比增长16.8%，增速较2016年同期提高10.9个百分点，出口额增长12.8%，进口额增

长20.4%。江苏省民营企业实现进出口总额10 771.6亿元，同比增长15.7%，出口额7 741.1亿元，增长13.0%；进口额3 030.5亿元，增长23.1%。浙江省民营企业进出口总额18 138.7亿元，占全省进出口总额比重的70.8%，出口总额达到14 956.1亿元，占全省出口总额的比重达到82.45%。

（五）贡献明显，重要作用日益突出

民营经济已经成为支撑江苏发展不可或缺的重要力量，是经济增长的主力军和就业创业的主渠道。2017年，长三角民营经济实现税收17 236.95亿元，同比增长8.9%。其中，上海市民营经济上缴税金4 373.75亿元，同比增长13.9%，增速快于全市平均水平5.2个百分点。江苏省民营经济上缴税金7 617.2亿元，同比增长6.6%，占全省直接征收总额的62.0%。浙江省民营经济上缴税金5 246亿元，占全省直接征收总额的70.7%。民营经济在解决就业方面发挥了重要作用，上海市私营企业从业人员629.69万人。江苏省私营企业和个体工商户登记的从业人数达到3 394.1万人，比2016年年底增长9.0%。浙江省民营经济就业人数3 052万人，占全省就业人员的80.4%。

二、2017年长三角民营经济发展特点

长三角地区是我国经济最具活力、开放程度最高、创新能力最强的区域之一。近年来，长三角各地党委政府在党中央、国务院坚强领导下，谋篇布局，主动作为，长三角一体化步伐不断加快，区域营商环境不断改善，"两省一市"民营经济高质量发展各有特色。

（一）上海：三大需求协调发展，主要产业稳中有进，科技创新亮点频现

出口、投资、消费"三驾马车"拉动增长明显。2017年，上海市与"一带一路"沿线国家和主要发达经济体之间贸易合作进一步深化，对64个"一带一路"沿线国家进出口额同比增长20.2%，占民营企业进出口额的比重达23.7%；对美、欧、日三大传统发达经济体的进出口额同比增长18.2%，占民营企业进出口额的比重达42.7%。房地产投资对民营投资拉动作用突出，上海

民营企业全年完成房地产投资1 407.87亿元，同比增长10.0%，增速快于全市6.2个百分点；完成工业投资223.12亿元，增速由2016年同比下降14.3%转为同比增长1.3%，低于全市工业投资增速4个百分点。民营消费保持增长态势，民营批发零售业实现限额以上商品零售额2 411.35亿元，同比增长5.1%，占全市批发零售业零售额的比重为22.3%，低于2016年1.4个百分点。

产业发展提质增效，民营服务业引领作用突出。2017年，上海市民营经济实现服务业增加值5 486.43亿元，同比增长6.8%，占民营经济增加值的比重为69.5%。民营批发零售企业实现商品销售额24 600.39亿元，同比增长14.8%，大中型企业实现利润总额156.06亿元，同比增长46.3%；住宿餐饮业大中型企业实现利润总额11.23亿元，同比增长12.7%。民营工业生产质量效益持续改善。2017年，上海市民营工业实现规模以上总产值5 096.69亿元，同比增长4.2%，扭转了小幅萎缩态势。32个工业行业中有19个规模以上工业总产值同比增长，六大高耗能行业发展得到有效控制，仅石油加工（1.8%）、化学原料和化学制品制造（0.6%）小幅增长。效益进一步提高，全年实现规模以上工业利润总额346.74亿元，同比增长7.8%，占全市工业总产值的比重为10.8%，较上年提高0.4个百分点。工业总产值利润率、主营业务收入利润率分别为6.8%和6.4%，分别较2016年提高0.3和0.2个百分点。

紧紧围绕上海加快建设具有全球影响力的科技创新中心，坚持自主研发和技术创新，民营企业在多个产业领域实现了一系列重大技术突破，逐步成为科技创新中的一支重要力量。目前，民营科技企业的数量占比超过九成，民营企业获得的专利授权量接近半数。一些企业在工博会等重要的创新技术成果展中崭露头角，如上海拓璞数控自主研发的全自动密封钻铆部装设备、飞机双五轴蒙皮镜像铣削系统，联影医疗自主研发的"时、空一体"超清TOF PET/MR，分别斩获2017年中国国际工业博览会的"创新金奖"和"工业设计金奖"。

（二）江苏：龙头企业做优做强，小微企业活力迸发，创新能力显著提升

积极组织实施万企升级计划和制造强省建设"六大行动"，引导和支持骨干民营企业继续壮大规模优势、创新优势、品牌优势和竞争优势，江苏民

营龙头企业创新转型步伐加快，成为全省经济发展排头兵。2017年中国民营企业500强中，江苏有82家企业入围，入围企业总数居全国第二。2017年全省百强民企（集团）营业收入入围门槛为107.2亿元，比2016年提高14亿元。全省百强民企全年实现营业收入35 527亿元，同比增长17.6%，户均实现营业收入355亿元，比2016年提高53亿元。全年实现利润总额1 331亿元，同比增长31.8%，其中42家企业利润总额超过10亿元。百强民企拥有资产总额27 259亿元，比2016年增长19.2%；户均资产规模比2016年增加44亿元。

积极围绕促进创业创新、激发发展活力，江苏中小微企业发展活力明显增强。江苏着力完善中小企业服务体系，构建以公益性服务机构为主导、专业性社会化服务机构为支撑的中小企业服务体系，累计培育了省级中小企业公共服务星级平台485家，创建国家级中小企业公共服务示范平台24家，整合带动3 000多家服务机构面向中小企业开展各类服务。完善公共服务平台网络建设，2017年平台网络新增合作服务机构167家，新增服务项目1 118个，省平台和窗口平台开展各类服务活动332场。江苏组织实施了小微企业成长培育计划，全年培育了4 000多家小微企业进规模。实施专精特新产品和科技小巨人企业培育计划，培育认定了50个省级专精特新产品和50家科技小巨人企业，认定了13家省级中小企业公共技术服务示范平台，15家企业（产品）被认定为国家制造业单项冠军示范企业（产品）。

积极实施创新驱动战略，江苏民营企业自主创新能力和水平显著提升，民营科技企业发展速度明显加快。截至2017年年底，全省纳入调查统计范围内的民营科技企业达120 157家，同比增长8.25%；实现收入7.8万亿元，同比增长8.3%。2016年江苏省百强民营企业（集团）榜单中，来自通讯及其他电子设备制造业行业入围企业达到了5家。此外，首次进入榜单的还有同程网络科技股份有限公司和扬子江药业集团，分别来自互联网和相关服务与医药制造业，这表明江苏民营企业中新兴产业发展初见成效。

（三）浙江：责任担当意识加强，新旧动能转换加快，企业发展分化加剧

在新时代浙商精神引领下，广大民营企业家责任担当意识不断增强，积

极参与三大攻坚战。一是注重防范金融风险。不少浙江民营企业自主防范金融风险，主动降低企业负债率，不再盲目借债扩大投资，据调查显示，资金周转困难企业仅占7.8%。二是践行绿色发展理念。浙江民营企业牢记习近平总书记"两山"理论，秉持绿色发展理念，谋划布局环保产业，如天能集团深耕绿色能源电池行业，投资30亿元建设循环经济产业园，打造了闭环式环保产业链，走出了一条发展好、生态好、效益好的循环经济之路。三是积极投身产业扶贫。浙江民营企业积极探索讲责任、有效益、可持续的精准扶贫模式，如正泰集团积极响应省政府"三年内消除集体经济薄弱村"号召，承建了衢州柯城光伏强村项目，实现年收益600多万元，为80个"空壳村"年均增收近8万元，扶贫"造血""带富"效能明显。

浙江民营企业更加重视研发投入、技术革新，新旧动能转换步伐加快。2017年，全省以新产业、新业态、新模式为主要特征的"三新"经济增加值1.25亿元，同比增长15.5%，占GDP的24.1%，其中信息经济同比增长16.7%，占GDP的9.4%，成为经济创新发展的新动能和新引擎。一批龙头企业积极开展智能化改造，如正泰集团、富通集团、卧龙电气、万丰奥特、奥康集团等努力创建无人车间。春风动力等通过智能化改造，人均效率提升30%，设备利用率提升25%，库存周转率提升50%，产品生产周期缩短了30%。

在本轮经济周期影响下，浙江民营企业发展分化加剧。一批行业龙头企业凭借规模、资本、技术、人才等优势，发展态势良好，综合实力不断增强，市场占有率不断提高，对行业发展贡献稳步扩大。一批为行业龙头配套生产的企业，发展较快，如宁波舜韵电子为方太、老板等做产品配套，产值三年翻一番，2017年实现增长30%。也有一些传统行业的企业，缺乏技术和人才支撑，转型升级制约较多，处于竞争劣势。据统计，2017年规模以上制造业31个行业中，非金属矿物制品、化学原料、纺织服装、农副食品加工等16个行业增加值增速低于5%，甚至有的出现负增长。

三、长三角民营经济发展挑战与展望

2017年，受深层次体制性因素影响，长三角地区民营经济运行仍面临新的矛盾和风险。传统产业产能过剩，部分领域准入存在隐性障碍，鼓励民间投资政策落实不到位和产权保护制度不健全等制约因素较多；"三山"（融资的高山、转型的火山、市场的冰山）、"三门"（"玻璃门""弹簧门""旋转门"）限制依然存在；潜在的金融风险释放压力较大，依靠债务驱动的投资扩张模式尚未根本扭转，金融和实体经济结构性失衡仍然突出；民营实体企业投资效益偏低、营商成本偏高、企业活力不足等问题有待改善。

2017年，民营经济发展迎来了前所未有的机遇。党和政府充分肯定民营企业的重要贡献，千方百计为民营企业排忧解难，就鼓励支持民营经济发展做出许多新的重大决策。党的十九大指出"要支持民营企业发展，激发各类市场主体活力，要努力实现更高质量、更有效率、更加公平、更可持续的发展"，为民营经济高质量发展指明了方向。

为深入贯彻落实党的十九大精神，进一步推动长三角民营经济迈向高质量发展新阶段，我们提出如下建议：

（一）进一步优化营商环境，激发市场活力

一是全面落实促进民营企业发展的政策措施，放开市场准入门槛。加快完善和推进负面清单管理制度，实行统一规范的准入制度；严格落实公平竞争审查制度，全面清理和坚决废止阻碍民营企业参与公平竞争的各项规定，消除各种隐性壁垒；充分发挥第三方评估作用，研究建立常态化的营商环境评估机制。二是深入推进"放管服"改革。上海市加快落实"照后减证"改革试点，江苏省持续推进"不见面"审批，浙江省深化投资项目"最多跑一次"改革等，进一步优化政策供给，推动政务服务"一张网"建设，为民营企业设立、生产经营等提供快捷、便利、高效的服务。三是完善协调沟通机制，营造"亲""清"和谐环境。推动建立中小企业促进工作协调机制，建立领导挂钩联系重大项目制度，畅通民营企业反映问题诉求的渠道；制订政商交往正面、负面两张清单，引导干部大胆为企业搞好服务、与企业家正常交往。

（二）进一步推动降税减费，降低企业负担

一是加大税收优惠力度。深入贯彻落实国家对小微企业减免征收所得

税、增值税等政策措施，加快研究制定面向小微企业的普惠式税收优惠长效机制。深入推进"营改增"，进一步扩大增值税进项税抵扣范围等。二是逐步清理取消涉企收费。保证涉企收费只减不增、能减尽减，进一步取消地方非资源补偿类涉企行政事业性收费项目；合理编制体现减费要求的社保费收入预算，对包括民营企业在内的缴费人以前年度欠费，一律不得自行组织开展集中清缴；对于国家规定的政府性基金，可采取先征后返的方式予以减免，切实减轻企业负担。三是合理调整社保缴费水平。在不影响参保人员待遇水平的情况下，适当降低企业和职工当期缴费水平，同时，探索建立初创期小微企业社会保险缓（补）缴实施办法。

（三）进一步完善法治建设，保障企业权益

一是针对民营企业最看重、最敏感的安全问题，要切实保障企业家合法的人身和财产权益，保障企业合法经营。对一些民营企业历史上曾经有过的一些不规范行为，按照罪刑法定、疑罪从无的原则处理，让企业家卸下思想包袱、安心创业。二是在严格依法办事前提下，树立"谦抑、审慎、善意"司法理念，严格区分经济纠纷与经济犯罪、企业正当融资与非法集资等界限，审慎使用查封、扣押、冻结、拘留、逮捕等强制措施，最大限度减少对企业正常生产经营的不利影响。三是做好产权保护工作，讲诚信、重法治，加大知识产权侵权违法行为惩治力度，加大涉企产权错案的甄别纠正，依法妥善处理历史形成的侵害产权案件，保障企业合法经营。

（四）进一步强化创新驱动，增强发展动力

一是加强对民营企业的分类指导和服务。坚定不移深化供给侧结构性改革，加快落实国家关于化解产能过剩的相关意见要求，对需要调整的传统行业企业，鼓励技术改造和转型升级；对需要重点扶持的科技型、创新型企业，坚持政策聚焦。二是着力推动产业技术创新。汇集高校科研院所和大企业科研创新资源，实施专精特新小巨人企业及"隐形冠军"培育，积极推动制造业创新中心建设，广泛开展政产学研推介活动等，聚焦战略性、前瞻性、基础性需求，支持面广量大的民营企业创新发展。三是鼓励民营企业创

新经营模式，发展新兴业态。通过内部流程改造和外部资源整合，推广及尝试新的营运模式；推广信息技术在各产业门类的深入应用，推动信息化与传统产业融合发展。

编委（排名不分先后）：顾万峰　徐惠明　赵小敏

课题组负责人：顾万峰

课题组成员（排名不分先后）：张　捍　高寿凯　景柏春　韩　莹

李卓霖　王新喜

2017年中部六省民营经济发展报告

摘要：2017年，中部六省民营经济保持良好发展态势，呈现出外向度持续提高，新兴产业加速发展，企业效益有所提升，区域特色不断彰显的良好面貌。但也面临市场规模偏小、结构调整任务重、发展环境待优化等方面的问题。在促进中部民营经济发展的工作中，要在解决民营经济普遍面临的融资难融资贵、税费成本高、核心竞争力不强等问题的基础上，突出中部六省各自优势，在促进互联互通，优化产业分工协作等方面迈出更加坚实的步伐。

关键词：中部　民营　高质量　趋势　协作

2017年，中部六省民营经济在中部地区各级党委政府的正确领导下，积极应对国内、国际各种复杂局面，不断优化发展理念，提高发展质量，实现了持续快速健康发展，为增强中部地区发展活力，加快经济转型升级，扩大对外开放，促进消费升级等方面做出了积极贡献。

一、总体情况

（一）经济总量情况

2017年，中部六省民营经济增加值总量达10.52万亿元，增长8.2%，占中部地区全社会生产总值的58.64%。从总体上看，中部六省民营经济增速全部高于当地经济发展增速。其中，河南省民营经济增加值达2.9万亿元，占河南全社会生产总值的65%，居中部首位（见表1）。

表1　2017年中部地区民营经济增加情况

单位：亿元、%

地区＼分类	地区生产总值		民营经济增加值情况		
	总额	同比增长	总额	同比增长	占全社会地区生产总值比重
山西	14 973.5	7.0	7 300.3①	17.2	48.8
安徽	27 518.7	8.5	15 917.3	9.3	57.8
江西	20 818.5	8.9	12 394.6	9.2	59.5
河南	44 988.2	7.8	29 000②	—	65.0
湖北	36 523.0	7.8	20 081.7	8.8	55.0
湖南	34 590.6	8.0	20 547.8	8.4	59.4

（二）民间投资情况

2017年，中部地区民间投资总额达到112 212.3亿元，其中民间固定资产投资达110 938亿元，增长7.4%，增速比上年提高0.3个百分点，约占全国全部民间固定资产投资的29.2%。分省份看，河南省民间投资总量居中部首位，达34 276亿元；湖南省民间投资增速最快，增长14.5%（见表2、图1）。

表2　2017年中部地区民间投资情况

单位：亿元、%

地区＼分类	民间投资		
	总额	同比增长	占全社会固定资产投资比例
山西	3 408.86	7.8	59.6
安徽	19 233.4	4.7	65.9
江西	16 888.3	11.9	77.6
河南	34 276.0	9.1	78.1
湖北	19 646.2	7.1	61.6
湖南	18 759.6	14.5	59.9

①　山西省2017年开展全国投资统计改革试点工作，统计口径发生变化。

②　河南省2017年民营经济增加值只公布概数，具体数据未公布。

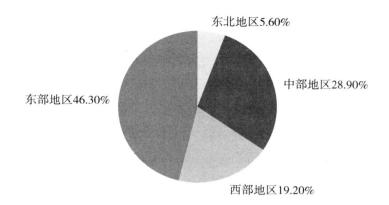

图1　2017年全国主要经济板块民间固定资产投资占比情况

（三）个体私营经济情况

2017年，中部六省个体私营经济继续保持了快速发展态势。其中，私营企业户数达到460.3万户，同比增长19.6%，私营企业户数约占全国私营企业总量的14.1%；注册资本269 117.1亿元，同比增长33.1%。个体工商户达到1 538.2万户，同比增长11.5%，个体工商户户数约占全国个体工商户总量的21.0%；资产总额14 605.5亿元，同比增长25.0%（见表3）。2017年，中部地区新登记企业115.9万户，同比增长16.6%，增速居我国主要经济板块首位。

表3　2017年中部地区个体私营经济注册登记情况

单位：万户、亿元、%

分类地区	私营企业				个体工商户			
	户数	同比增长	注册资本	同比增长	户数	同比增长	资产总额	同比增长
山西	45.6	17.5	23 208.4	20.5	146.3	10.7	938.1	16.2
安徽	91.6	24.9	58 172.0	45.6	271.5	15.2	2 828.3	29.4
江西	54.4	13.5	33 936.8	45.0	169.7	2.5	2 217.1	13.9
河南	112.3	23.5	67 372.7	30.4	358.5	16.4	3 112.3	27.7
湖北	92.5	13.9	47 777.0	24.8	335.2	10.0	2 940.1	23.5
湖南	63.9	21.4	38 650.2	30.7	257.0	14.1	2 569.6	33.3
总计	460.3	19.6	269 117.1	33.1	1538.2	11.5	14 605.5	25.0

按注册行业划分，2017年中部六省私营企业第一产业登记注册户数总量达28.9万户，同比增长26.2%；第二产业登记注册户数达92.0万户，同比增长24.0%；第三产业登记注册户数达339.7万户，同比增长18.0%。三类产业户数结构由2016年的5.9∶19.3∶74.8调整为2017年的6.3∶20.0∶73.7（见表4）。

表4　2017年中部地区私营企业户数分布情况（按产业划分）

单位：万户、%

分类 地区	第一产业			第二产业			第三产业		
	户数	同比增长	比重	户数	同比增长	比重	户数	同比增长	比重
山西	2.4	11.9	5.3	7.3	15.4	16.0	35.9	17.9	78.7
安徽	6.9	46.8	7.5	21.3	37.2	23.2	63.7	19.4	69.3
江西	3.7	12.3	6.8	12.5	15.0	22.9	38.3	13.2	70.3
河南	6.6	22.6	5.9	20.6	27.1	18.3	85.1	22.7	75.8
湖北	5.0	13.6	5.4	18.5	17.1	20.0	69.0	13.1	74.6
湖南	4.3	34.4	6.7	11.8	24.2	18.5	47.8	19.5	74.8
合计	28.9	26.2	6.3	92.0	24.0	20.0	339.7	18.0	73.7

（四）私营企业规模情况

2017年，中部六省私营企业规模进一步扩大。其中注册资本在100万～500万元的私营企业有1 492 636户，占中部六省私营企业总数的32.4%，比上年提高3个百分点；注册资本在500万～1 000万元的私营企业有619 841户，占总数的13.5%，比上年提高3.5个百分点；注册资本在1 000万～1亿元的私营企业有505 171户，占总数的11.0%，比上年提高0.9个百分点；注册资本在1亿元以上的私营企业有26 249户，占总数的0.6%，比上年提高0.1个百分点（见表5）。2017年，中部六省全国民营企业500强企业共54家，同比减少4家（见表6）。

（五）上缴税收情况

2017年，中部六省民营经济为增加财税收入做出了积极贡献。其中山西、安徽、江西、河南、湖南省民营企业上缴税收分别为1 432.4亿元、2 675.2亿元、2 058.8亿元、2 674.7亿元、2 040.3亿元，分别同步增长56.9%、24.0%、19.1%、8.0%、23.1%，分别占本地区税收总额的57.9%、68.0%、71.5%、61.8%、57.8%[①]。

表5　2017年中部地区私营企业注册资本情况

单位：户、%

分类 地区	100万～500万元			500万～1000万元			1000万～1亿元			1亿元以上		
	户数	同比增长	占比	户数	同比增长	占比	户数	同比增长	占比	户数	同比增长	占比
山西	223 956	25.0	59.2	95 908	26.6	25.4	55 497	12.2	14.7	2 916	11.6	0.8
安徽	265 254	31.6	49.9	163 579	182.0	30.8	96 874	59.2	18.2	5 735	39.7	1.1
江西	206 113	24.9	61.4	63 088	23.9	18.8	62 842	24.3	18.7	3 441	40.0	1.0
河南	410 278	30.1	54.6	163 457	30.8	21.7	171 116	25.7	22.8	7 155	29.3	1.0
湖北	151 220	21.1	61.4	56 588	34.4	23.0	36 081	17.4	14.6	2 579	21.5	1.0
湖南	235 815	27.7	58.9	77 221	36.1	19.3	82 761	27.5	20.7	4 423	23.6	1.1
合计	1 492 636	31.8	32.4	619 841	60.6	13.5	505 171	29.7	11.0	26 249	29.7	0.6

表6　2017年中部地区进入全国民营企业500强情况

单位：户

分类 地区	进入全国民营企业500强情况		
	户数	同比增加户数	排名
山西	5	0	13
安徽	5	0	14
江西	7	1	12
河南	15	0	9
湖北	15	−4	9
湖南	7	−1	11

① 湖北省民营经济税收情况未公布

（六）对外贸易情况

2017年，中部六省民营经济进出口规模持续攀升。其中安徽、河南、湖北、湖南民营经济分别实现进出口211.0亿美元、4 811.4亿美元、1601.1亿美元、312.0亿美元，分别增长7.8%、11.5%、19.3%、41.8%，分别占本地区进出口总额的39.4%、92.0%、51.1%、86.5%。江西省民营企业出口创汇315.1亿美元，同比增长9.8%，占本地区全部企业出口创汇总额的70.9%。河南省民营企业进出口总额和占比居中部首位。

（七）安排就业情况

2017年，中部六省个体工商户和私营企业合计从业人员6 667.9万人，比上年增加684.7万人，同比增长11.4%。其中，个体工商户从业人员3 559.4万人，同比增长10.0%；私营企业投资者人数和雇工人数3 108.5万人，比上年增加360.0万人，同比增长13.1%（见表7）。

表7　2017年中部地区民营经济吸纳就业情况

单位：万人、%

分类 地区	私营企业				个体工商户	
	投资者 人数	同比 增长	雇工人数	同比 增长	从业人员	同比 增长
山西	74.5	24.2	285.7	15.8	329.2	7.6
安徽	177.5	27.3	411.3	15.1	643.9	15.1
江西	101.65	10.73	412.45	3.36	416.7	2.2
河南	203.3	16.8	159.2	29.2	758.8	17.6
湖北	200.5	18.5	707.8	14.0	985.5	4.3
湖南	126.1	17.5	248.5	26.0	425.3	−1.2

二、主要特点

（一）政策扶持更为精准

2017年，中部六省在深化"放管服"改革、优化投资环境、降低营商成本等方面进一步加大了对民营经济的支持力度。安徽省实施"四送一服"双千工程，组织千名机关干部，深入千家企业，送发展理念、送支持政策、送创新项目、送生产要素；并相继出台了《关于创优"四最"营商环境的意见》《关于降低减轻实体经济企业负担的实施意见》等一系列政策性文件。江西省连续出台降成本优环境政策，调整充实非公经济发展领导小组，设立2 000万元专项资金，形成了较为完善的非公经济发展服务体系。山西省召开全省营商环境会议，开展9大专项行动，全面打造"六最"营商环境。湖北省出台《关于大力促进民营经济发展的若干意见》，围绕改进民企服务、构建"亲""清"政商关系等6个方面制定了18条具体实施办法。河南省继续加大落实减税政策，全部取消涉企行政事业性收费项目，大力降低实体经济成本。湖南省出台《关于降低实体经济企业成本的实施方案》，就降低企业税费负担、融资成本、交易成本、用工成本等方面出台了具体措施，全面推进降成本的长效机制建设。

（二）新兴产业更具规模

2017年，中部六省民营经济产业结构不断优化，二、三产业占比不断提高。随着工业产品价格的全面回升，民营工业企业经营效益全面改善，发展实力得到稳步增强。以民营经济为主体的战略性新兴产业逐步壮大，2017年，江西、安徽、河南战略性新兴产业分别增长11.6%、21.4%、12.1%，山西省战略性新兴产业增加值增长10%。湖南省的汽车制造、电子信息和通用设备制造业等三大行业分别增长44.8%、18.3%和16.9%。湖北省高技术制造业增长14.9%，高于全部规模以上工业增速7.5个百分点。高端制造，正在成为中部地区工业增长的重要支撑，并推动中国制造向中高端迈进。中部地区服务业与现代工业加速融合，"互联网＋"产业，大数据运用、云计算等信息技术改造提升传统产业和商业模式，让民营经济成为中部地区"四新经济"发展中最具活力的部分。

（三）发展态势更显开放

进入新时期以来，中部六省不断转变发展理念，全面加快大通道、大通关、大平台建设，积极构建通江达海、联通内外的对外开放新格局。2017年，中部六省外贸增速为18.4%，超过全国增速4.2个百分点。不断改善发展环境，推动国际、国内产业巨头加快中部战略布局。2017年，中部六省实际使用外资83亿美元，同比增长17.1%，增速领跑全国。一些大的跨国公司、大型民营企业立足中部六省，由单一项目投资向一体化投资、战略投资的全方位投资转变，全球研发中心、营运中心、采购中心，生产制造中心落户中部地区的速度明显加快。与此同时，中部六省民营企业迈出国门，加快对外投资发展步伐。2017年，湖北省地方企业对44个国家和地区146家境外企业实现了直接投资，实际投资额12.3亿美元，同比增长2.1%，增速居全国第八、中部第一。江西省民营企业实现对外直接投资3.92亿美元，占对外直接投资总额的55%；湖南省年新增的92家对外投资企业中，90家投资主体是民营企业，占比超过98%。

（四）区域特色更加明显

与其他经济板块比较，中部六省具有丰富的自然资源禀赋，人力成本相对较低，经济发展体量大，产业门类齐全。民营经济在农产品深加工、矿物资源开发与加工、工程机械等领域具有得天独厚的发展优势，形成了较为完整的产业链条，在我国传统产业领域中占据一席之地。随着中东部地区经济协作日益紧密，中部地区民营经济在承接东南沿海产业梯度转移进程中，不断推动先进生产要素与区域发展优势紧密结合，装备制造、文化创意、节能环保、生物医药、电子信息等一批现代产业实现弯道超车，走出了一条既区别于西部地区资源开发型，又区别于东部地区依靠技术、资金推动的新发展模式。

三、存在的主要问题

（一）产业结构调整任务较重

相比京津冀、长三角、珠三角等城市群区域内相互补充、相互依托、协同发展的产业格局，中部地区产业结构重型化、同质化现象较为显著。资源型加工业占比仍然较大，民营经济重工业能源消费总量大、污染程度高等方面的问题较为突出，且短时间内难以得到有效调整，随着环保压力持续增加，企业生存面临巨大压力。中部六省中支柱产业多有重合，机械装备、医药、食品、汽车等重点产业中竞争大于合作，协同发展格局尚未形成。生产性服务业是推进新型工业化的重要支撑，但从中部六省第三产业的内部结构上看，民营经济在交通运输、仓储邮政业、批发和零售业、住宿和餐饮业等民生性传统服务业占比均在30%以上，信息传输、软件和信息技术服务业，金融业，租赁和商务服务业，科学研究和技术服务业等占比较小，生产性服务业发展滞后，对推动民营经济转型升级形成了一定的制约。

（二）技术创新与发达地区差距较大

从整体上看，中部六省民营企业不少处于国际、国内产业分工下游，生产水平技术含量较低，与发达国家和先进地区相比还存在不小差距。高新技术产业发展水平和创新创业服务能力偏弱，2017年，中部六省R&D投入强度分别为安徽2.09、江西1.28、河南1.31、山西0.95、湖南1.38、湖北1.97，全部低于全国2.13的平均水平，与北京5.64、上海3.93的投入水平有较大差距。民营高新技术企业发展不充分，其中民营高新技术企业最多的安徽和湖北，分别仅有5 000家左右，仅相当于北京的1/4。广东、山东、江苏、北京，4省市分别拥有国家级众创空间235家、230家、170家、168家，而湖北仅62家，湖南仅47家，山西仅34家，安徽仅42家，江西仅43家。

（三）资本市场发展相对滞后

金融支撑结构性失衡，与公有制经济比较，中部地区民营经济在获取银行贷款上长期处于劣势地位，特别是从2017年年初开始，中小企业融资难、融资贵问题日趋严峻，无钱可贷的情况较为普遍。中部地区资本市场发育还不够成熟，企业直接融资规模小。2017年，湖北省累计上市企业共97家，与广东省2017年单个年度98家的A股上市企业数量相当，山西省、江西省A股上市总数与2017年深圳市新增的40家IPO上市企业相当。区域股权交易体系尚未完全建立，目前仅有安徽、湖北、湖南、江西建立了区域股权交易中心，已开展的股权交易规模较小，影响带动作用不强。服务民营中小企业的小额贷款公司普遍生存困难，各省建立的担保、再担保体系也存在不少问题，对缓解民营经济融资难问题缺乏足够的风险补偿能力。

（四）优化发展环境仍显紧迫

受宏观经济市场环境不确定因素增多，原材料价格上涨、人工成本逐年上升、竞争压力加大，造成中部地区企业生产经营成本居高不下，利润水平明显偏低。税费负担仍然偏重，在中部各省工商联开展的民营企业抽样调查统计中，税费负担重是民营企业反映十分集中的主要问题，"营改增"后的部分行业税收不降反升，特别是社保基金全额缴存的政策预期，对民营企业造成较大负面影响。扶持政策效力有待进一步提高，民营企业家对产业扶持、项目支持、税费减免等关键政策普遍感到申请难度较大，实际支持力度偏低。"三山""三门"现象依然存在，在电力、石油、天然气、金融等垄断领域均不同程度存在隐性障碍，已经开展的PPP项目受合规清理影响被大面积叫停，存在大量纠纷隐患。技术创新的激励和保护机制不健全，中部地区具有优势的高等教育和科研资源成果转换率不高。

四、发展趋势

中部六省民营经济既具有明显的区域特色，同时也是民营经济总体发展形势的一个缩影。展望未来，中部六省民营经济将迎来更加优良的政策环境、更加公平的竞争机制、更加完善的服务体系，但也将面临更大的转型压力和更加激烈的市场竞争。在经济新常态下，中部六省民营经济将加速向高质量发展阶段迈进，呈现出以下几方面特点：

（一）民营经济地位得到进一步巩固

经历改革开放40年的不断发展壮大，民营经济从小到大，由弱变强，在经济社会发展中已经占据了十分重要的经济地位，随着市场经济体制的不断完善，以及全面依法治国的不断深入，"两个毫不动摇""三个平等"得到进一步贯彻落实。针对当前民营经济的一些错误认识和言论，习近平总书记在民营企业座谈会上发表了重要讲话，清晰表明了党中央支持民营经济发展的一贯立场和坚定意志，充分体现了党中央对民营经济健康发展和民营企业家健康成长的高度重视和深切关怀，为坚定民营企业家发展信心，优化民营经济发展举措，提供了最为有力的政治保障，全社会关心支持民营经济发展的意识得到进一步深化，这是民营经济发展的最大的利好和机遇。

（二）民间投资迎来新的契机

为扭转2016年以来民间投资增速出现了较大波动的不利局面，中部地区各级党委政府在深化投资领域"放管服"改革，加快破除各类不合理门槛，取消和减少阻碍民间投资的附加条件等方面的政策措施不断出台，为拉动中部地区民间投资注入了一剂强心针。在中部地区稳定投资和防范政务债务风险的双重政策影响下，中部民间投资通过混合所有制改造、参与PPP项目等途径，有望获得与国有投资同等的市场待遇，在城市基础设施建设，以及交通、油气、电信等领域形成一批投资回报机制明确、商业潜力大的项目，中部地区民间投资结构性失衡的问题将得到有效改善。与此同时，中部地区经济社会消费升级呈现加速态势，民间投资在教育文娱、医疗保健等服务性领域将实现高速增长，并将占据绝对主导地位。

（三）实体经济与资本结合更加紧密

资本是经济运行的血液。2017年，中部六省私营企业户均注册资本金达584.7万元，比2016年提高了59万元，增长11.2%，连续五年呈现出不断增长的发展态势，反映出中部地区民营企业通过规模化经营提高市场占有率、降低生产成本、防范化解风险的扩张驱动依然强烈，对资金的需求十分旺盛。另一方面，随着中部民营经济的发展壮大，一部分优势企业在完成原始积累，占据市场龙头地位的基础上，开始由实体经济向金融领域进军。由于具备敏锐的市场判断能力和丰富的经营经验，中部地区民营财团在缓解实体经济融资难、融资贵，促进产融结合等方面带来了新的解决方案，民营银行、民营投资集团等具备产业背景的金融投资平台将在市场崭露头角。

（四）技术创新为民营企业提供新的机遇

民营企业是技术创新中最具活力的部分。在中部六省民营企业中，一大批拥有原创技术的"瞪羚企业""独角兽企业"受到资本和市场的青睐，产生了显著的示范带动作用。在市场刺激下，中部民营企业寻求技术创新的能力更加强烈、思路更加宽阔、行动更加自觉，并且已经具备了一定的技术创新产业化能力。随着卫星定位、工业VR、区块链、基因检测、机器人制造等领域的高精尖技术进入产业推广窗口期，中部地区将有机会与沿海发达地区站在同一起跑线，迎来同等的市场竞争机遇，一批有远见、敢于颠覆创新的民营企业将摆脱过去的路径依赖，在新兴市场中抢抓新的发展机遇。

（五）对外投资呈现集群化发展态势

当前，经济全球化进程加深，"一带一路"建设全面推进，中部六省民营企业对外投资步伐不断加快。与前期碎片化、低端化的探索性尝试比较，中部六省民营企业对外投资步伐更加稳健、规模更加庞大。龙头企业带动产业集群，境外民营经贸合作园区、工业园，境外商协会等更高层次的海外投资产业联盟在不久的将来会呈现集中爆发态势，"抱团出海"模式将使中部六省民营企业在优势产业领域形成更为集中的海外投资热点，区域化、集群化发展特点将更加明显。

五、对策建议

（一）切实坚定企业家发展信心

深入开展习近平总书记在民营企业座谈会上的讲话的学习宣传工作，引导广大民营企业正确认识当前生产经营中遇到的困难和问题。大力宣传党和国家大政方针，及时厘清错误思想，坚定民营企业发展信心。进一步营造"亲""清"政商关系，建立党政领导服务民营企业的行为准则，引导各级各部门主动靠前服务，解决民营企业遇到的实际问题。结合纪念改革开放40周年，开展民营经济发展成就宣传报道活动，树立敢于开拓、勇于奉献、根于诚信的现代企业家精神。

（二）加大对中部省份的政策倾斜

进一步加大对"中部崛起"战略的政策支持和指导力度，强化"长三角""珠三角"、京津冀等东部经济板块与中部地区的区域经贸协作机制，引导东南沿海地区制造业、国内外知名企业生产基地等向中部地区有序转移。抓好中部六省经济社会发展规划的分工协调，形成重点突出、优势互补的产业发展格局。支持中部省份发展交通、通信基础设施，在国家重大交通基础设施规划中，增加中部省份城市的交通物流结点。支持中部省份国家重点实验室、先进制造业基地等重大项目建设，推动中部制造业集聚发展。深化口岸管理体制改革，加快中部省份综合保税区、自贸试验区建设，推动中部省份提高对外开放水平。

（三）多渠道拓宽民营企业融资渠道

高度重视民营中小企业融资难、融资贵问题，认真抓好中央改善中小企业融资问题的决策部署。加强对银行业金融机构的指导，落实不良贷款容忍度的管理要求，改善中小企业贷款考评体系，推广综合授信模式，改进中小企业征信方法，探索开展符合中部民营经济产业发展特点的"产业链融资"、应收账款融资，推动中小企业融资贷款余额、贷款增速稳步提升。加快发展中部地区多层次资本市场，提高民营企业直接融资比重。注重防范民营企业金融风险，妥善解决民营上市企业股权质押中存在的问题。健全融资担保、风险补偿等激励机制，鼓励银行开展贷款重组，优化信贷结构、加强定向调控。发挥政策性金融、开发性金融、商业金融的互补优势，加大对中部地区重点民营企业的支持力度，提高信贷支持的针对性和有效性。

（四）着力减轻实体经济负担

加快实施结构性减税，通过降低部分行业增值税税率，取消城建税和教育费附加等方式，提高民营企业减负实质效果。进一步清理涉企行政事业性收费项目，实现省立项目零收费。规范经营服务性收费，推进市场定价机制建设。合理确定企业养老保险缴费基数上下限，加快全国养老保险省级统筹步伐，执行"五险一金"优惠政策，降低企业用工成本。推进电价市场化改革，完善煤电价格联动机制，降低用电成本。推行工业用地"长期租赁""先租后让""租让结合"等灵活供地方式，提高工业用地节约集约利用水平，降低企业用地成本。健全不动产登记信息互通共享机制，全面推行不动产登记、交易、税务"一窗受理、一站办结"，提高不动产登记效率和便利化程度。

（五）持续优化营商环境

加强政策协调性，提高政策执行水平，推动民营企业扶持政策真正落地落实落细。进一步抓好违反公平、开放、透明市场规则的政策文件清理工作，加大反垄断、反不正当竞争法执法力度，促进市场公平竞争。引导民营企业参与国企改革，推动军民融合，拓宽民营企业投资渠道。坚持实事求是，及时纠正在安监、环保等领域执法过程中对民营企业"一刀切"的做法，妥善解决民营企业在参与PPP项目中的遗留问题。开展政策执行三方评估和营商环境评价工作，推动公众监督和舆论监督。在国家级层面建立民营经济统计指标体系，完善省级企业信息数据库，推进部门数据互联互通，提高民营经济分析的科学性、真实性。

课题组负责人：吴曙光

课题组成员（排名不分先后）：

湖南省工商联：吴曙光　谢商文　李　明

山西省工商联：李剑英　郭卫东　吴晋臣　赵　斌　杨永锋

安徽省工商联：施广勇　李增流　凌　冰　储　灵　任晓龙

江西省工商联：刘　斌　张新芝　王　明　贾　青　乐志为

河南省工商联：程国平　李　莉　孙同军　张　涛

湖北省工商联：赵序沨　陈止戈　冯　亮　陶　兴　尹周斯达

2017—2018年粤港澳大湾区
民营经济发展报告

摘要：建设粤港澳大湾区是习近平总书记亲自谋划、亲自部署、亲自推动的国家战略。2017年，粤港澳大湾区内民营企业主动把握发展机遇，克服国际经济形势变化的不利影响，加快转型升级步伐，不断提高创新能力，主动参与粤港澳大湾区建设，民营经济总量稳步增长，经济结构不断优化，组织数量和规模持续扩大，社会贡献进一步加大，为经济社会发展做出了重要贡献。本文立足于粤港澳大湾区，重点分析湾区内广东省珠三角9市（广州、深圳、珠海、佛山、惠州、东莞、中山、江门、肇庆）民营经济发展情况，指出当前存在的主要问题，并提出支持加快粤港澳大湾区民营经济发展的意见建议。

关键词：粤港澳大湾区　民营经济　科技创新

2017年，粤港澳大湾区民营经济克服国际经济形势重大变化的不利影响，化压力为动力，变挑战为机遇，积极转方式、调结构、促升级，主动谋求新的增长点，内生动力不断增强，发展水平和竞争力进一步提高，迈上了新的发展台阶。

一、粤港澳大湾区民营经济发展总体概况

（一）经济总量大

粤港澳大湾区经济发展水平全国领先，经济规模和总量巨大。据统计，按照年平均汇率换算，2017年，粤港澳大湾区经济总量达10.18万亿元，占全国GDP总量的1/8。广东省民营经济实现增加值48 339.14亿元，同比增长8.1%，比广东GDP增幅高0.6个百分点，民营经济增加值增速连续9年高于全省

GDP增速；广东民营经济占全省地区生产总值的比重为53.8%，比上年提高0.2个百分点，对全省地区生产总值增长的贡献率为57.5%，同比提高0.6个百分点，拉动全省地区生产总值增长4.3个百分点，实现快速发展。大湾区内民营经济总量稳中有升，继续保持领先发展态势。大湾区内广东9市民营经济在广东省民营经济中占有重要地位，是广东民营经济发展的主引擎和重要支撑，2017年湾区内的广东9个地市共完成民营经济增加值35 227.03亿元，同比增长8.3%，比广东民营经济增速高0.2个百分点，占9市地区生产总值的比重为46.5%，占广东省民营经济生产总值的73.1%，同比提高0.2个百分点。

（二）民间投资稳

广东企业投资管理体制改革深入推进，进一步激发了民间投资的强大活力，民间投资继续保持平稳增长。2017年广东民间投资共完成23 158.46亿元，同比增长12.9%，增速比全国民间投资增速高6.9个百分点，民间投资总额占全省整体投资的比重达61.8%。大湾区内广东9市的民营资本雄厚，对广东省民间投资加快发展的引领带动作用明显。2017年大湾区内广东9市民间投资总额14 381.25亿元，占广东民间投资总量的62.09%。从民间投资占比来看，佛山、中山、惠州、东莞、江门、肇庆、深圳7市民间投资扛大梁，占本地区固定资产投资的比重过半；从民间投资增速来看，除广州和肇庆两市民间投资增速下降外，其他7个地市都保持了正增长，其中深圳、珠海、佛山和江门4市民间投资增速都高于广东省民间投资增速。湾区内广东9个地市的民间投资成为拉动广东省民间固定资产投资的主要力量。

（三）发展质量好

2016年，广东出台了支持民营经济大发展的政策，2017年又出台了降低实体经济企业成本的政策，有力推动民营企业发展提质增效。一是经济结构持续优化。2017年，广东省民营经济第一产业增加值完成3 727亿元，增长3.5%；第二产业增加值2.0万亿元，增长9.8%，增幅比全省第二产业增幅高3.1个百分点；第三产业增加值2.4万亿元，增长7.3%；民营经济三次产业结构为7.7∶41.4∶50.9，其中第二产业比重比上年提高0.6个百分点，三次产业民营增加值占全省对应产业增加值的比重分别为98.3%、51.9%和51.8%。二是民营工业企业效益持续向好。2017年，广东省规模以上民营企业累计完成增加值1.69万亿元，同比增长10.6%，对全省规模以上工业增加值增长的贡献率为73.3%，拉动增长5.3个百分点；广东省规模以上民营企业实现利润4 675亿元，同比增长19.8%。三是转型升级步伐加快。广东省民间投资继续向高端制造业和产业链上游集聚，其中高技术制造业投资增长14.3%，民间电子及通信设备制造业增长15.3%，信息传输、软件和信息技术服务业增长69.9%，卫生和社会工作增长49.2%，科学研究和技术发展增长48.2%。四是创新实力不断增强。民营企业是广东创新创造的主力军，全省65%以上的发明专利、75%以上的技术创新成果来自民营企业，80%以上新产品由民营企业开发。截至2017年年底，广东省国家高新技术企业总量达33 356家，其中80%以上是民营企业，大湾区内广东省的9个地市是广东高新技术企业主要聚集地，共有31 000多家，占全省的93.6%。五是对外贸易快速增长。2017年，广东民营进出口总额完成31 420.24万亿元，增长14.5%，增幅高于全省6.5个百分点，民营进出口总额占全省46.1%，占比同比提高2.6个百分点，对全省外贸进出口增长贡献最大，拉动全省外贸增长6.3个百分点，其中民营企业出口19 845.39亿元，增长13.1%，增幅高于全省6.4个百分点，首次成为广东第一大出口主体。

（四）市场活力强

大众创业万众创新，特别是工商登记制度改革的深入推进，持续掀起市场经济的新浪潮。一是市场主体数量快速增长。2017年，广东民营经济单位数达999.82万个，其中私营企业381.58万个，个体工商户600.96万个，分别较上年同期增长14.6%、20.3%和11.0%，民营经济单位数、私营企业数、个体工商户数均居全国第一位。2017年，全省日均新登记企业2 476户，同比增长14.63%，累计新登记企业90.41万户，其中大湾区内广东省9个地市新登记企业82.92万户，占比91.72%，新增市场主体继续向粤港澳大湾区聚集。二是市场主体实力不断壮大。2017年，广东省私营企业达381.58万户，私营企业注册资本（金）287 609.01亿元，同比增长49.29%；广东省新登记私营企业84.35万户，同比增长12.24%；注册资本金96 875.25亿元，同比增长63.24%。三是大型骨干民营企业加快成长壮大。2017年，全省分别有60家、52家、20家入围中国民营企业500强、制造业500强、服务业100强，其中大湾区内广东9个地市入围中国民营企业500强的达56家，占广东省的93.3%，全省年营业收入超千亿元的9家民营企业全部来自粤港澳大湾区。

（五）社会贡献大

2017年粤港澳大湾区民营企业在稳定就业、增加居民收入、促进社会和谐方面发挥了重要作用。一是发挥就业主渠道作用。2017年，广东民营企业从业人数达3 462.86万人，其中私营企业中从业人员1 375.65万，个体户从业人员1 167.33万人，较上年同比分别增长2.9%、3.5 %和1.3%，民营企业提供了八成以上的就业岗位。二是在增加地方税收方面发挥重要作用。2017年，广东省民营经济税收11 263.89亿元，同比增长19.1%，占全省税收的51.5%，民营税收增速比全省高6.6个百分点，成为广东重要税源。三是民营经济在保障改善民生方面发挥重要作用。2017年，广东省城镇私营单位就业人员年平均工资53 347元，比全省人均可支配收入高12 371.9元，成为增加居民收入、提高群众生活水平的重要力量。四是在促进社会和谐方面发挥重要作用。广东省民营企业积极参与公益事业，主动投身"万企帮万村"精准扶贫行动，据不完全统计，2017年广东省有1 256家民营企业结对帮扶1 316个建档立卡贫困村，实施精准扶贫项目1 696个、投入资金4.5亿元，帮助38万多贫困人口加快脱贫进程；仅2017年广东扶贫济困日活动，民营企业捐款就达22.6亿元。

二、粤港澳大湾区民营经济发展存在的主要问题

当前粤港澳大湾区民营经济发展总体上是好的，但转变发展方式、转换发展动力的任务仍然艰巨。随着粤港澳大湾区建设的不断推进，大湾区内民营经济协调发展的体制机制约束不断凸显，特别是面对国际经济形势的新变化及经营成本、市场、环境的众多压力，民营经济发展产业层次不高、竞争同质化，自主创新能力不强，发展模式简单粗放等深层次问题得到充分暴露。

（一）粤港澳大湾区协调发展合作机制有待完善

一方面粤港澳大湾区三地体制存在巨大差异性。粤港澳大湾区建设是在"一个国家、两种制度、三个关税区、四个核心城市"背景下深化合作，在大湾区内部不仅存在"一国两制"方针下的香港和澳门两个特别行政区、自由港，还有深圳、珠海两个经济特区，南沙、前海蛇口和横琴三个自由贸易试验区，港澳和广东有关城市在社会制度、文化和企业运作等方面存在不少差异，民营企业在不同区域的投资、发展、合作面临不同的体制机制约束，以及区际法律冲突等实际问题。另一方面粤港澳大湾区各城市发展定位不够清晰。粤港澳大湾区发展规划已经出台，当前大湾区特别是香港、澳门、深圳、广州四大核心城市发展已较成熟，但各自定位仍然不够清晰，在推动信息技术、生物技术、高端装备制造、新材料、文化创意等产业发展上，城市、区域之间产业发展规划高度重叠，内部同质化竞争大。此外各城市之间缺乏有效的协调机制，大湾区内人流、物流、资金流、信息流等生产要素未能实现自由高效流动，不仅给民营企业参与大湾区建设带来一定困难，也一定程度上阻碍了粤港澳大湾区市场一体化发展。

（二）民营企业经营成本负担重

随着改革开放的全面深入推进，广东的先发优势、区位优势、政策优势逐渐减弱，特别是随着土地、劳动力、能源等成本的快速攀升，粤港澳大湾区内广东9个地市的民营企业综合经营成本快速上涨，根据2017年调研显示，广东省民营企业在制度性交易、税费负担、用工用能、土地物流等方面成本较高。在制度性交易成本方面，行政审批事项仍然较多，广东省有关企业投资项目保留的行政审批事项就达113项，行政审批中介服务126项；税负方面，广东省宏观税负比全国平均水平高3.02个百分点，分别比浙江、江苏、山东高2.03、4.93和9.36个百分点；用工成本方面，广东省城镇私营单位就业人员年平均工资比全国平均高12.60%，比浙江和江苏分别高7.17%、2.29%；在用地成本上，除企业用地需求旺盛与用地指标不足矛盾突出外，用地贵的现象也比较普遍，大湾区内的广东省9个地市的工业用地每平方米地价比全国主要监测城市工业地价总体水平高57.80%，分别比长三角、环渤海地区高26.04%和61.51%。特别是大湾区内的广东各市经过40多年工业化进程，环境基础设施因缺乏规划统筹，环境污染问题日益突出、资源环境约束凸显，城乡绿色空间破碎化严重，资源约束与环境约束并存。

（三）发展不平衡不协调情况明显

一是区域发展不平衡加剧。从广东全省来看，2017年大湾区内广东9市完成民营经济增加值35 227.03亿元，同比增长8.3%，高于广东省民营经济平均增速0.2个百分点，比粤东、粤西、粤北地区民营经济增速分别高0.7、0.5和2.7个百分点，粤港澳大湾区内9市的民营经济增加值占广东省民营经济增加值的比重为73.1%，同比提高0.2个百分点，民营经济进一步向粤港澳大湾区集聚；从大湾区内的广东9个地市来看，各民营经济发展不平衡现象也较突出。2017年，深圳市、广州市民营经济增加值为9 635亿元和8 563亿元，同为珠三角地区的珠海市仅为886亿元，不到深圳市的1/10。二是产业发展不平衡。目前，世界三大湾区的第三产业增加值占GDP的比重均在80%以上，如纽约湾区为89.4%、旧金山湾区82.8%，东京湾区82.3%、而粤港澳大湾区城市群第三产业比重仅为65.6%，特别是广东民营经济第三产业GDP占比仅为50.9%，占比较低，广东的民营企业主要集中在第二产业的制造业特别是低端制造业以及传统的第三产业，产业层次低，产业低端化现象比较突出。从企业数量看，2017年，广东省新登记企业90.41万户，其中最集中的三个行业仍是批发和零售业36.06万户、租赁和商务服务业12.35万户、制造业9.92万户，在全行业的占比分别为39.88%、13.66%和10.98%。从经济总量看，民营经济在批发和零售业、房地产业、交通运输、仓储和邮政业实现增加值最高，分别为6 437.53亿元、4 907.29亿元和1 998.68亿元。民营企业投资金融业、信息传输、计算机服务和软件业、教育、卫生、文化、体育和娱乐业等高端领域的比例较少。

（四）市场竞争力不强

与世界三大湾区比较，粤港澳大湾区竞争力仍然不强，特别是民营企业的发展实力较弱。一是生产效率仍然不高。从人均GDP看，资料显示，与世界三大湾区对比来看，粤港澳大湾区人均GDP只相当于纽约湾区的30%、旧金山湾区的20%、东京湾区的50%；从单位土地面积GDP来看，粤港澳大湾区单位土地面积GDP仅相当于国际三大湾区的60%左右，差距明显。二是科研实力不强。粤港澳大湾区目前研发投入还相对较低，科技进步对经济增长贡献率较低，在世界大学排名200强的高校中，世界级城市群大部分拥有10所以上，而粤港澳大湾区城市群200强高校仅3家，且全部集中于香港。三是创新能力偏弱。珠三角民营企业缺芯少核现象较突出，创新原动力不强，技术改造、科技创新、产品研发的投入不足，企业管理方式粗放、管理制度松散、管理质量不高问题突出，此外民营企业经营管理人才缺乏，人力资源结构性缺口大，影响民营企业转型升级步伐和竞争实力。四是大型骨干民营企业数量偏少。2018年，广东省入围中国民营企业500强企业仅60家，而浙江、江苏、山东分别有93家、86家和73家；其中粤港澳大湾区入围企业56家，还不足长三角地区（上榜企业197家）的1/3，差距明显。

三、推动粤港澳大湾区民营经济加快发展的意见建议

《粤港澳大湾区发展规划纲要》的出台为大湾区建设发展做出了详细部署，广东提出要举全省之力加快推进粤港澳大湾区，携手港澳建设国际一流湾区和世界级城市群，共同打造高质量发展典范，为民营经济发展提供了重大历史机遇，也发出了加快发展的动员令。民营经济是粤港澳大湾区的重要优势，也是推动大湾区建设的重要力量，必须进一步打破体制机制束缚，加快完善制度合作、经济协调、产业互补、开放协调创新等机制，为民营企业加快发展营造良好氛围，推动民营企业通过技术改造、科技进步、管理创新，增强内生发展动力，充分发挥民营经济在推进粤港澳大湾区建设中的重要作用。

（一）加强对粤港澳大湾区建设的协调统筹

要加快推进粤港澳三地的深度合作，进一步加强和优化区域功能布局。一是要在粤港澳合作联席会议的基础上，建立粤港澳三地共同参与的更高层

级、协作一体的决策和协调机制，增加三地各部门的沟通协调，定期召开磋商会议，提出推进粤港澳大湾区建设年度重点工作，解决粤港澳跨界合作在协同发展中的法律、制度等方面的障碍。二是加快推动建设互联互通的粤港澳交通网络。要加快构建高效便捷的综合交通运输体系，提高湾区内空港、海港的全球连接度与运作效率，重点发挥港珠澳大桥优势，加强湾区城市之间高快速路网、城市轨道网、城际轨道网规划建设，增强区内衔接和协调，加快促进湾区人流、物流、资金流高效流通。三是完善湾区民营企业服务机制，增强大湾区建设有关政策的稳定性、连贯性，充分发挥粤港澳三地主要商会作用，完善粤港澳三地主要商会高层常态化合作机制，为企业参与大湾区建设搭建经济、科技、法律等服务平台，积极推动三地民商事法律制度衔接的研究与实践，共同宣传推广三地法律制度，积极探索建立民商事纠纷案件转介机制，推动构建完善的工商企业权益保障服务体系，不断巩固大湾区营商环境优势。

（二）优化大湾区产业布局，推动民营企业加快向产业链中高端延伸

进一步增强各城市之间区域互补性和产业互补性，推动构建湾区现代产业体系。要着力引导民营企业抓住粤港澳大湾区建设的重大战略机遇，加快推动制造业转型升级，向全球价值链高端迈进，建设具有国际竞争力的现代产业先导区，重点培育发展新一代信息技术、生物技术、高端装备、新材料、节能环保、新能源汽车等战略新兴产业集群，打造全球先进制造业中心。结合大湾区内各地市产业优势和资源禀赋，重点支持民营企业建设珠江东岸高端电子信息制造产业带和珠江西岸先进装备制造产业带，推动大湾区民营企业在金融服务、商贸服务、专业服务、社会公共服务、科技文化等领域合作，加快产业转型升级，推动形成企业发展与产业、行业协调健康发展的良性互动。

（三）要进一步降低民营企业负担

一是进一步降低税费负担。全面贯彻落实"营改增"，推进税制结构

改革，落实好国家税费减免政策、小微企业一揽子税收优惠、高新技术企业税收优惠等政策，做到税收优惠政策应享尽享、应免尽免。进一步完善最低工资标准调整机制，拓宽社保资金筹集渠道，加快推进降低社保缴费名义费率，稳定缴费方式，推动企业社保缴费实际负担有实质性下降。二是着力缓解融资难、融资贵问题。推动信贷服务和产品创新，支持民营企业用存货、设备、知识产权、金融资产等动产融资。大力支持民营企业利用香港世界金融中心、贸易中心的地位和优势，获得境外资金支持发展，通过股份制改造，在主板、中小板、创业板、新三板、区域性股权交易市场等挂牌融资。三是降低企业物流、用能、用地成本。要加快推动三旧改造和能源市场改革，降低大湾区一般工商业电价，完善管道燃气定价机制，适当提高工业用地和仓储用地容积率，要逐步取消普通公路收费，进一步降低企业生产经营成本。

（四）加快推动民营企业提高核心竞争力

一是打造全球科技创新平台。进一步完善创新合作体制机制，建设粤港澳大湾区创新共同体，发挥香港、广州、深圳三个中心城市在现代和先进制造领域对周边城市的引领和外溢作用，加大力度引进更多高等教育机构和科研所，加强高校间、校企间以及同国际科研院所的合作交流，支持创建重点产业综合性及专业性中小企业创新技术平台和联盟。二是大力培育创新企业。加大对初创型科技企业和企业研发过程中的政策、资金支持，统筹整合创新扶持资金，加大资金向民营企业倾斜力度。充分发挥大型企业的技术创新骨干作用，努力打造一批掌握核心技术、引领行业发展、综合竞争力居世界前列的创新型企业和科技型中小企业创新集群。三是推动企业加强科技创新。引导民营企业建立和完善技术创新体系，加大技术改造和科技研发投入，加快开发具有自主知识产权的技术和主导产品，加强质量品牌建设，掌握核心竞争力，积极利用港澳优势创新商业模式，催生发展新领域、新业态、新技术、新产品，支持推动民营企业加快建立现代企业制度，完善公司法人治理结构，建立有效的管理机制、激励机制。四是加强民营企业经营管理人才队伍建设。进一步梳理粤港澳三地在人才引进、交流、创业、就业等方面的管理制度与政策体系，破除体制机制障碍，面向全球引进顶级创新人才，为粤港澳大湾区建设提供智力支撑。鼓励支持企业和学校、科研院所加强人才培养合作，完善教育、医疗、养老、失业等社会保障体制和相关生活配套设施，最大限度地降低生活成本，优化人才发展环境。大力支持企业加强科技人才培养，创新人才激励机制，真正使资本、技术等生产要素参与权益分配，吸引人才，留住人才。

编委：李汉峰

课题组负责人（排名不分先后）：王叶英　杨　平　周海堂　宁绿华

2017—2018年西南四省市民营经济发展报告

摘要：2017年，西南四省市民营经济总体呈现稳中有进、增量提质的态势，特别是在创新发展、开放发展、高质量发展和军民融合等方面均有新的突破，为地区经济社会发展做出重要贡献。但仍存在量小体弱、融资难融资贵、科技创新能力弱、综合成本增长较快、营商环境亟待优化等问题。随着供给侧结构性改革深入推进，西南四省市民营经济将迎来新的发展机遇。报告围绕进一步优化改善营商环境、为民营企业纾困解难、激发和弘扬优秀企业家精神、加强民营经济组织党建工作等方面提出建议。

关键词：西南地区　民营经济　发展特点　存在问题　趋势展望

2017年，西南四省市认真学习贯彻习近平新时代中国特色社会主义思想和党的十九大精神，积极应对复杂严峻的国际、国内经济形势，努力克服各种不利因素，坚持稳中求进工作总基调，坚持"两个毫不动摇"，推动营商环境改善，鼓励支持民营企业发展，积极参与供给侧结构性改革，促进民营经济高质量发展。广大民营企业发挥创新主体作用，加快转型升级、做大做强，民营经济呈现稳中有进、增量提质的态势，为地区经济社会发展做出重要贡献。

一、西南四省市民营经济发展状况

（一）经济总量稳步增长

2017年，西南四省市民营经济实现增加值45 570.72亿元，增长10.4%。民营经济增加值占GDP的比重达到51.75%。其中，四川省民营经济总量最大，占本地GDP的比例位列西南四省市第一；贵州省民营经济发展增速较快，增加值同比增长13.2%（见表1）。

表1　2017年西南四省市民营经济增加值情况

单位：亿元、%

地区 　　分类	民营经济增加值			
	总　额	同比增长	占本地GDP比例	对本地经济增长贡献率
重庆	9 832.61	9.9	50.5	55.2
四川	20 738.91	8.2	56.1	56.1
贵州	7 201	13.2	53.2	69.2
云南	7 798.2	10.3	47.2	50.5
合计	45 570.72	10.4	51.75	—

（二）市场主体持续增加

截至2017年年底，西南四省市民营经济主体达1 205.7万户，同比增长11.9%。其中私营企业达到287万户，同比增长16.2%；个体工商户达到911.26万户，同比增长10.5%（见表2）。

表2　2017年西南四省市民营经济市场主体增长情况

单位：万户、%

地区 　　分类	民营经济市场主体				
	市场主体	同比增长	占全省（市）比例	其中	
				私营企业	个体工商户
重庆	226.9	9.5	96.8	69.2	157.8
四川	472.8	16	95.5	109.32	362.36
贵州	243	13.55	97.37	53.57	183.37
云南	263	5.9	95.92	54.9	207.73
合计	1 205.7	11.9	—	287	911.26

（三）投资主体地位更稳固

2017年，西南四省市完成民间固定资产投资35 988.9亿元，同比增长10.2%，占本地区固定资产总投资的比例为42.3%（见表3）。

表3　2017年西南四省市民营企业固定资产投资情况

单位：亿元、%

分类 地区	民间固定资产投资		
	金额	同比增长	占本地区固定资产总投资的比例
重庆	9 522.9	13.5	54.6
四川	15 109.3	7.7	47
贵州	5 381.8	8.7	35.2
云南	5 974.9	11	32.3
合计	35 988.9	10.2	42.3

（四）进出口额增长较快

2017年西南四省市民营企业进出口实现3 293.08亿元，同比增长9.9%，占西南四省市进出口总额的35.75%。其中，云南省民营企业进出口额对该地区贡献突出，占比达到了57.2%（见表4）。

表4　2017年西南四省市民营企业进出口情况

单位：亿元、%

分类 地区	民营企业进出口		
	金额	同比增长	占本地区进出口总额的比例
重庆	1251.4	17.5	27.8
四川	930.21	11.8	20.2
贵州	208.48	4.7	37.8
云南	902.99	5.5	57.2
合计	3 293.08	9.9	35.75

（五）社会贡献更加突出

2017年，西南四省市民营经济纳税（国税和地税）5 993.41亿元，较去年增长15.9个百分点，占四省市税收总收入的44.8%。其中，四川省民营经济纳税增幅19.9%，占比达59.4%，均列四省市第一（见表5）。2017年西南四省市民营企业和个体工商户就业人数超过3 000万人。其中，重庆市2017年新增城镇就业人员中90%在民营企业，解决就业人员累计超过900万。2017年西南四省共有7.44万家民营企业和商（协）会参与"万企帮万村"精准扶贫行动，投入资金275.9亿元。25家企业（商会）荣获全国"万企帮万村"精准扶贫行动先进民营企业称号（见表6）。其中，四川省4 267家民营企业和商（协）会与4 119个贫困村建立了结对帮扶关系，结对帮扶数量位列全国省级工商联系统第一名，实施帮扶项目7 214个，直接帮扶贫困群众达71.89万人，成效显著。

表5　2017年西南四省市民营经济纳税情况

单位：亿元、%

分类 地区	民营经济财税贡献		
	金 额	同比增长	占本地区税收总收入的比例
重 庆	1 605.6	16.82	57.6
四 川	2 873.41	19.9	59.4
贵 州	868.7	1.26	39.14
云 南	645.7	19.1	18.3
合 计	5 993.41	15.9	44.8

表6　2017年西南四省市民营经济参与精准扶贫情况

单位：亿元、户

分类 地区	民营经济参与精准扶贫		
	参与企业（商会）	投入资金	获先进民企称号
重 庆	5 600	20	5
四 川	63 000	63.7	8
贵 州	3 698	167.9	7
云 南	2 105	24.33	5
合 计	74 403	275.9	25

二、2017年西南四省市民营经济发展特点

（一）创新发展有突破

2017年，西南四省市民营企业认真贯彻落实国家创新驱动发展战略，积极参与供给侧结构性改革，不断提高自主创新能力，加快转型升级发展，激

发转型创新活力。四川省3 571家高新技术企业中，民营企业占96%；在126家省级以上技术创新联盟中，民营企业占66%；225家省级以上工程技术研究中心，以民营企业为依托的占68%。2017年信息传输、软件和信息技术服务业以及科学研究和技术服务业的私营企业雇工总数达到114.72万人，占全部私营企业雇工人数的15%，民营企业成为四川省科技创新及成果转化的重要力量。重庆市2017年新设立从事科技创新、电子商务、节能环保、文化创意、健康养老、特色效益农业等鼓励类行业的民营企业占新设立民营企业总数的50%以上，民营战略新兴产业产值达到2 100亿元，同比增长10%以上。云南省民营企业2017年输出技术2 461项，技术合同成交额为73.42亿元，占全省各类技术交易主体输出总额的86.39%，技术合同成交额同比增长53.05%。云南省2017年认定的昆明埃舍尔科技有限公司等460家高新技术企业中，民营企业逾90%。2017年，贵州省在大数据、大旅游、大健康、智能制造等新兴产业领域，民营企业投资占比均达到70%以上，主营业务收入达到574.16亿元，同比增长65.7%；民营企业集聚了全省85%以上的高新技术企业、80%以上的工程（技术）中心；民营高新技术产业实现产值3 380.45亿元，近5年来保持年均20%以上的增速，科技进步贡献率47.4%。

（二）开放发展有突破

2017年，民营经济坚持"引进来"和"走出去"并重、货物贸易和服务贸易并举，主动参与"一带一路"建设，顺应经济全球化时势，充分利用"两个市场"和"两种资源"，全面拓展对外贸易市场，创新对外投资方式，开展国际产能合作，积极参与全球贸易、投融资、生产、服务网络，加快培育国际经济合作和竞争新优势。四川省核准对外投资民营企业78家，占全省对外投资企业总数的83.8%；新希望集团在国外已有30个分支机构，总投资额超过5亿人民币；波鸿集团收购美国、加拿大、匈牙利等7家工厂和1个研发中心。重庆47家民企在境外投资，占全市境外投资企业数的87.6%，累计投资金额124.4亿美元，占全市对外投资总额的80.6%。力帆、隆鑫、宗申、小康、博赛等民营企业，分别在美洲、东欧、非洲及东南亚等地投资办厂；100余家中小企业赴新加坡、南非、埃塞俄比亚及欧美、澳新等地考察投资项目，部分中小企业发展空间向国际市场拓展。2017年，云南省境外投资企业（机构）已逾700家，其中，昆明星耀集团在缅甸仰光投资的"坎塔亚中心"成为中国民营企业"走出去"在缅甸的标杆和亮点；云南博浩生物科技集团产品占全球市场的40%，发展成为全球最大的万寿菊原料供应基地和主要的叶黄素生产企业。德宏正信实业公司在缅甸北部建设了16个桑蚕生产发展基地，得到缅甸地方政府与农户的高度认可。贵州省境外投资企业112家，其中民营企业29家，累计投资金额2.32亿美元。

（三）高质量发展有突破

民营经济主动与大数据、云计算、人工智能、"互联网＋"等数字经济有效嫁接，促进传统产业企业提档升级，从产业链、创新链、价值链的中低端迈向中高端。如四川一名微晶科技投资1亿余元建立了研发平台，立足尾矿协同工业固废制备微晶玻璃新材料技术研发和新产品开发工作，申请专利技术40余项，获得授权专利21项。同时，以互联网为代表的新一代信息技术也正在加速向消费和制造领域扩散，不断催生新兴产业、新型业态和新商业模式。成都传化物流全面打造数字化传化网，以城市物流中心、智慧物流商城为两大入口，以物流供应链、金融服务为两大引擎，建设覆盖全国、互联互通的中国货运网络，运用"互联网＋"全面发力物流平台创新升级。重庆锦晖陶瓷有限公司建成全市首个国家级消费品设计营销平台"集创家"，并与中金公司（CCIC）打造重庆市首支消费品基金。猪八戒网——中国领先的服务众包平台，注册用户超过了1 300万，该平台开创了创意设计、市场营销、IT与互联网服务等八大核心服务品类，服务订单来源已覆盖新加坡、马来西亚、印度尼西亚等多个国家。德宏后谷咖啡有限公司投资9亿元建设年产20 000吨速溶咖啡的智能化生产线，实现了咖啡产业的一、二、三产融合发展，目前企业终端产品达130余种，涵盖了国内市场90%的产品类型，出口52个国家和地区。贵州货车帮科技有限公司联合阿里云大数据团队共同打造全国公路物流指数，为指导企业生产经营与投资等活动提供依据，公司成长为全球排名16、全国排名第7的大数据"独角兽"型企业。贵阳朗玛信息由电信增值业务向互联网医疗行业转型，是国内首个提出"医医会诊"模式的平台，获评"2017年度云计算优秀典型案例""2017年中国互联网百强企业"。

（四）军民融合发展有突破

民营企业积极参与军民融合发展。2017年，四川省取得保密认定的军民融合企业超过700家，其中2/3以上为民营企业，军民融合上市企业占全省上市企业总数的1/4，2017年，全省军民融合主营业务收入超过3 100亿元，居全国前列。截至2017年年底，重庆87家民营企业参与到军民融合之中，行业涵盖了军用雷达、特种设备、航空发动机和激光制导等行业，重庆市知名民营企业宗申、迪马等企业也都参与其中，形成年产值380亿元。2017年，云南省上规模民营企业参与军民融合发展的为7家，占上规模民营企业的比例为5.49%。有28家民营企业已有意向进入军民融合发展领域，占比21.54%。

三、2017年西南四省市民营经济发展中存在的问题

2017年，由于区位劣势制约、历史积累不足、发展基础薄弱、国内外经济走势等各方面因素的综合影响，西南四省市民营经济的发展仍然面临不少困难和挑战，总体发展水平与东部发达地区相比仍存在较大差距。

（一）量小体弱

西南四省市民营经济与沿海发达省份相比差距仍然较大。2017年，西南四省市民营经济增加值总和45 570.71亿元，不及广东省的48 355.03亿元和江苏省的47 589.1亿元，差距十分明显。在2017中国民企500强名单中，西南四省市仅有23家入围，其中，四川省8家，重庆市14家，云南省1家。和浙江、江苏等发达省市比较，西南四省市无论是入围企业总数，还是入围企业的规模和发展速度，都有较大差距。从入围企业数量来看，浙江省93家，江苏省86家；从入围企业经营情况来看，西南四省市中排名最高的新希望集团（排72名），营业收入仅为榜单第一的华为的12%。

（二）融资难题仍然突出

中小企业融资渠道单一、融资难、融资贵仍然突出，企业的资金成本不

断攀升，这一问题有向大企业延伸的趋向。如四川省民营企业发行债券利率达到7%以上，中小企业加上担保费等融资成本达到10%以上。重庆市、云南省民营企业获得的银行贷款总额不到本地区银行贷款总额度的1/3。云南省民营企业贷款利率上浮10%～90%，加上各种与融资相关的服务费和一些"隐形"成本，民营实体企业信贷融资综合成本在12%以上。银行门槛高，变相抽贷、压贷，抵押要求苛刻、评估值低等问题没有实质性改善。国有商业银行贷款门槛尤其偏高，存在"嫌小爱大""惧贷、惜贷"现象，中小企业普遍在国有商业银行求贷无门，无抵押、无担保的小企业得不到信用贷款。如重庆市部分银行将使用政府过桥资金的民营企业列为被"关注"企业，不予续贷。

（三）科技创新能力弱

由于资金、技术、人才等多方面因素制约，西南地区民营企业研发投入力量小，创新能力不强，发明专利数量少，主导产品技术含量较低，品牌价值不高，市场竞争力总体不足。大量民营企业无内部自建或依托建、联合建的研发机构，无实验研究、分析化验的设备和开发新产品的条件。民营企业拥有自主知识产权、掌握核心技术、具备国际竞争力的很少。目前，西南地区大部分民营企业仍然从事传统产业，且多是为核心企业做配套生产或服务。民营新产业新业态总体还处于成长期，规模体量较小，缺乏牵动性、引领性龙头企业。如云南的专项调查显示，全省四成民营企业无核心技术，七成民营企业无研发部门，只有38.64%的民营企业现有技术水平在同行业中处于省内领先水平，仍有30.28%的企业处于落后水平，处于国内领先技术水平的企业仅占7.41%。

（四）综合成本增长较快

近年来，由于原材料等成本总体上涨，民营企业特别是制造业企业，运营综合成本逐年上升，税负压力仍然较大，人工成本和物流运输成本的上涨尤为明显。重庆市民企普遍反映运输成本上涨20%以上。同时，西南地区民营企业普遍存在人才缺、用工难的问题，尤其是高级人才难引进、技术工人难留住问题突出。重庆市企业监测平台显示，2017年有29.6%的被监测企业反映用工短缺，其中招工不足一半的企业占11.5%。一线工人和技能人才短缺，人员流动性较大，特别是劳动密集型企业员工流动率达30%以上。云南省企业监测平台显示，有24.59%的民营企业认为进一步发展面临的主要挑战是缺乏人才，居困难与挑战的首位，其中目前最缺乏的人才是高级技术人员占37.22%，高级管理人员占25.55%，专业营销人员占19.56%，普通工人占7.26%，其他人员占10.41%。贵州省和云南省的民营企业反映，由于实体企业利润空间被挤压，而社会平均工资增长过快，社保成本持续增加，实体企业招不满人、招不到人才、用不起工的困境加剧，特别是高端人才缺乏的问题更为凸显。

（五）营商环境亟待优化

"三个平等"（权利平等、机会平等、规则平等）落实还不完全到位，"放管服"改革还有待继续深化。同时，政策落实不到位，要素配置不合理、政商关系不"亲""清"等问题还需要进一步认真解决。一些地方政府新官不理旧账，出台政策缺乏稳定性和连续性，且缺乏监管与纠错机制，让企业家缺乏安全感和获得感。

四、西南四省市民营经济发展趋势展望与建议

当前，国内外经济形势错综复杂，西南地区正处在经济结构转型和发展方式转变的关键时期，在未来一段时间，制约和影响西南地区民营经济发展的问题仍不容忽视。但随着供给侧结构性改革深入推进，西南四省市民营经济将迎来新的发展机遇。

从全球看，发达国家经济继续复苏，新兴市场国家和发展中国家经济总体向好。全球宽松货币政策刺激效应的进一步释放，消费者和投资者信心的进一步改善，共同推动了世界经济持续回暖和深度调整。随着我国综合国力的持续提升，我国在国际上的制度性权力和国际规则制定、全球事务治理中的话语权和影响力逐步增强，为西南四省市民营经济"走出去"参与"一带一路"建设，更广泛地开展国际交流与合作，加快开放发展拓宽了新渠道、

开辟了新空间、增加了新机遇。

从国内看，2018年是全面贯彻落实党的十九大精神的开局之年，也是我国经济由高速增长阶段转向高质量发展阶段的攻关期。我国以供给侧结构性改革为主线，以发展经济实体经济为着力点，以提高供给体系质量为主攻方向，推动发展方式实现五个转变，显著提升经济质量，即：由要素投入型向创新驱动型转变；由投资拉动为主向消费、投资、出口协调拉动转变；由第二产业带动为主向三大产业协调发展转变；由技术引进型向自主创新型转变；由高能耗、高资源消耗型经济向绿色生态、环境友好型经济转变。通过大力发展先进制造业，推动互联网、大数据、人工智能和实体经济深度融合发展，加快建设制造强国。通过支持传统产业优化升级，加快发展现代服务业，瞄准国际标准提高水平，促进我国产业迈向全球价值链中高端。这一新时代的新实践，将为民营经济高质量发展提供空前的机遇。为此，我们提出如下建议：

一是在优化改善营商环境上下更大功夫。要认真贯彻落实习近平总书记系列重要讲话精神，进一步打造平等规范的市场竞争环境，按照"非禁即入""非禁即准"原则，建立公平、开放、透明的市场规则，进一步清除各种准入壁垒，打破行业垄断，坚决取消针对民间资本的附加条件和歧视性条款，确保民企民资享受公平待遇，平等参与市场竞争。要进一步打造优质高效的政务环境，坚持以改革的思路和办法破解制约民营经济发展的体制机制障碍，进一步深化行政审批制度改革，规范行政行为，简政放权，简化办事程序，提高行政服务效率。特别要认真落实中央关于减轻企业负担的各项政策，切实降低企业运营成本。要进一步打造公平有序的法治环境，坚持平等对待，公正规范执法，保护民营企业和企业家合法财产不受侵犯、合法经营不受干扰、人身权益不受侵害。建议出台构建"亲""清"新型政商关系的规范性文件，划定政商双方行为界限，保障干部与企业家交往"说得清、道得明"。

二是在为民营企业纾困解难上下更大功夫。针对中小企业"融资难、融资贵"问题，着力完善金融扶持政策体系，积极发展银行专营机构，落实好中央优化信贷投向结构政策，组织好银企对接，加强信用担保体系建设，引导银行等金融机构提供更好的融资服务，努力打通金融渠道，切实解决中小企业"吃不到、吃不饱、吃不起、吃不好"的问题，并防止"融资难、融资贵"问题向大企业蔓延。要针对"政策落地难"问题，着力细化、量化政策措施，增强政策的含金量和可操作性，并制定考评、督查、问责等相关配套举措，推动各项政策落地、落细、落实，切实解决政策不配套、不普惠、不连续、不兑现等问题，打通政策落实"最后一公里"，增强民营企业对政策的获得感。

三是在激发和弘扬优秀企业家精神上下更大功夫。深入贯彻落实中发〔2017〕25号文件的实施意见，为广大民营企业家弘扬企业家精神、发挥企业家作用提供制度保障。进一步营造依法保护民营企业家财产权、人身权、创新权的法治环境，建立民营企业家维权服务平台，完善民营企业合法权益遭受侵害后的补偿救助机制。要营造尊重和激励民营企业家创业兴业的良好社会氛围，对民营企业家在探索创新过程中的失败，正向引导社会舆论容错和理解。要引导和鼓励民营企业家大胆创新发展，专注品质，追求卓越，永不言败，努力转化前沿科技成果。要引导民营企业家发扬爱国、敬业、诚信、守法和艰苦奋斗的精神，树立正确的世界观、人生观，自觉践行社会主义核心价值观，引导民营企业家致富思源、富而思进，积极参与"万企帮万村"精准扶贫行动，积极投身光彩事业和公益慈善事业，自觉履行社会责任，做合格的中国特色社会主义事业建设者。

四是在加强民营经济组织党建工作上下更大功夫。要发挥好党组织在民营企业职工群众中的政治核心作用，在民营企业发展中的政治引领作用，在推动民营企业高质量发展中的先锋模范作用。要按照党的十九大关于加强党的建设新的伟大工程的总体要求，努力扩大民营企业党组织覆盖和党的工作覆盖，选优配强党组织书记和党建工作指导员，充分发挥党的政治优势、组织优势和群众工作优势，把党建工作与民营企业生产经营活动有机结合起来，助推民营企业持续健康发展。

编委（排名不分先后）：陈　智　陈　建　徐　红　王志荣
课题组负责人：陈　智

课题组成员（排名不分先后）：陈孝维　薛强强　喻晓春

吴　言　粟良美　张珍智

吴　洁　陆志国　赖德淑

沈新华

2017年东北三省和内蒙古自治区
民营经济发展报告

摘要：2017年，东北三省和内蒙古自治区党委、政府深入学习贯彻习近平新时代中国特色社会主义思想，认真贯彻落实党中央、国务院的各项决策部署，坚持稳中求进工作总基调，主动作为，精准发力，进一步解放思想，强化市场意识，尊重市场主体地位，夯实推动民营经济健康发展的思想基础；全面深化改革，完善体制机制，拓展民营经济发展空间，增强民营经济发展活力动力；进一步优化营商环境，构建"亲""清"新型政商关系；引导广大民营企业坚定信心，主动适应经济发展新常态，着力推进民营经济大发展、快发展，为新时代区域经济振兴发展提供有力支撑。

关键词：东北三省一区 民营经济 发展报告

2017年，面对复杂多变的国内外经济环境和经济下行压力，东北三省和内蒙古自治区党委、政府以习近平新时代中国特色社会主义思想为指导，坚定不移贯彻新发展理念，坚持以提高发展质量和效益为中心，以供给侧结构性改革为主线，认真贯彻落实党和国家有关促进民营经济发展的各项政策措施，通过实施一系列简政放权优惠政策，不断优化营商环境，提振信心，释放活力，东北三省一区民营经济保持平稳健康发展态势，已成为稳增长、促改革、调结构、惠民生、防风险的重要力量。

一、东北三省一区民营经济发展基本情况

（一）民营经济整体实力稳步提升

2017年，黑龙江省民营经济实现增加值8 232.6亿元，同比增长6.9%，占地区生产总值的比重为50.8%；吉林省民营经济实现增加值7 905.8亿元，同比

增长7.0%，占地区生产总值的比重为51.7%；内蒙古自治区民营经济实现增加值10 193.3亿元，同比增长2.4%，占地区生产总值的比重为63.3%。

（二）民营经济市场主体持续增加

2017年，黑龙江省民营经济户数达194.9万户，同比增长9.4%，其中私营企业户数为34.8万户，同比增长15.1%；个体工商户数为160.1万户，同比增长8.2%。吉林省民营经济户数达192.5万户，同比增长11.4%，其中民营企业户数为31.5万户，同比增长21.2%，个体工商户数为161万户，同比增长9.4%。辽宁省民营经济户数达230.5万户，同比增长7.1%，其中私营企业户数为69.7万户，同比增长17.2%；个体经济户数为230.5万户，同比增长4.4%。内蒙古自治区民营经济户数达181.6万户，同比增长6.3%，其中民营企业户数为32.75万户，同比增长5.1%；个体工商业户数为140.3万户，同比增长3.4%。

（三）民营经济成为财税增收的重要来源

东北三省一区民营经济整体实力增强的同时，对区域税收增长的贡献份额稳步提高。2017年，黑龙江省民营经济实现税收收入927.9亿元，同比增长8.6%，增速较上年同期提高0.2个百分点，占全省税收总收入的比重为51.6%，较上年提高0.3个百分点。吉林省民营经济上缴税金822.3亿元，占全省地方级财政收入的68.3%，同比增长8.8%。内蒙古自治区民营经济实现纳税额1 621.82亿元，占全区税收总收入的比重为67.69%，同比增长7.31%。

（四）民营经济成为增加劳动就业的主要渠道

东北三省一区民营经济的快速发展，形成巨大的劳动需求，有效地缓解了社会就业压力。2017年，黑龙江省民营经济从业人员达到702.9万人，同比增长0.7%，其中民营企业从业人员301.9万人，同比增长0.2%；个体工商户从业人员401.0万人，同比增长1.2%。吉林省民营经济从业人员达到770.2万人，占全省城镇就业总数的77.5%，同比增长2.5%。辽宁省民营经济从业人员达到

914.6万人，同比增长10.5%，其中城镇民营经济从业人员为666.3万人，占全省城镇从业人员的62.2%。内蒙古自治区民营经济从业人员达到588.63万人，同比增长6.59%，其中城镇民营经济从业人员达到407.28万人，占城镇从业人员的56.65%，同比增长2.51%。

（五）区域内省际民间固定资产投资不平衡

2017年，黑龙江省民间投资成为投资的主体，且结构不断优化。全省民间固定资产投资为7 915.9亿元，同比增长11.3%，增速较上年同期提高3.4个百分点，高出全社会固定资产投资增速5.1个百分点；民间固定资产投资占总投资的比重为71.4%，比2016年提高3.2个百分点。从投资结构看，黑龙江省2017年完成民间工业投资额3 271.9亿元，同比增长3.9%；完成民间房地产投资669.7亿元，同比下降6.4%。民间工业投资连续3年保持增长，而房地产投资自2014年以来四连降，投资结构进一步趋向优化。吉林省民间投资持续加大，全省民间固定资产投资达9 666.69亿元，占全省固定资产投资（不含农户）的73.6%。辽宁省民间固定资产投资意愿不强，全省民间固定资产投资3 940.4亿元，同比下降7.4%，占全省固定资产投资的61.1%。内蒙古自治区民间投资增速下降，全区民间固定资产投资额完成6 644.37亿元，占地区固定资产投资总额的46.73%，同比下降3.5%。

二、东北三省一区推进民营经济加快发展的主要措施

（一）出台和落实优惠政策，激发民营经济发展活力

2017年，黑龙江省针对民营经济发展实际，在放开进入领域、培育市场主体、支持转型升级、帮助开拓市场、降低企业成本、金融财税支持、完善公共服务、优化发展环境等8个方面提出了50条举措，支持民营经济创新发展、转型发展。吉林省把突出发展民营经济作为推进新一轮振兴发展的突破口，先后制定出台《关于促进民营经济加快发展若干措施》《促进中小企业发展条例》《关于支持个体工商户转型升级为企业的意见》等扶持政策，通过实施一系列简政放权务实扶持举措，为民营经济发展搭建起"四梁八

柱"，进一步激活民营经济发展动力，初步形成了政府搭台、企业唱戏的良性发展环境。

（二）改善民营经济生成环境，培育壮大民营经济市场主体

2017年，黑龙江省在深化商事制度改革上，深入落实注册资本认缴登记制、放宽住所登记条件、"先照后证""一照一码"和"多证合一"等多项商事制度改革措施，有效地促进了市场主体增长。在规模以上工业企业培育上，省政府制定出台《全省规模以上工业企业培育专项行动方案》和《黑龙江省加快培育规模以上工业企业十项措施》，采取增加生产拓展市场、降低成本、专项培训、综合服务等举措，促进临规工业企业成长为规模以上企业。吉林省在国内率先实行行政审批制度改革，非行政许可审批项目实现"零审批"，加快工商登记制度改革，探索实施"一址多照""一照多址"，放宽登记条件，降低准入门槛。激励和引导"双创"工作，培育创新创业载体，推进创业企业和科技企业孵化器建设。辽宁省把营商环境建设摆在重要位置，深入推进"放管服"改革，推进简政放权，取消各类不合理收费，实行"先照后证""多证合一"登记制度改革，推行全程代办、容缺审批、并联审批等高效审批服务，有效压缩项目审批时限。全面推进"双随机一公开"监管，推进"互联网＋政务服务"，开展政务环境专项整治活动，着力为民营经济发展创造稳定公平透明的营商环境。

（三）放宽民营企业准入领域，大力拓展民间投资发展空间

黑龙江省推动竞争性经营行业和投资领域向民营企业、社会资本全面开放。在放开市场准入上，全省在煤电项目准入、企业债券发行等领域，对民企和国企等投资主体一视同仁、平等参与竞争。在积极推广政府和社会资本合作（PPP）模式上，对PPP项目库实行动态管理，向社会资本公开推介适合现阶段操作的PPP项目，并印发操作要点，推进PPP项目规范实施。在鼓励民间资本进入社会服务领域上，鼓励全省民营企业和民间资本进入医疗养老、教育、旅游、文化、体育等社会服务领域。吉林省放开准入领域，谋划了220个PPP项目，总投资达3 854亿元，这些项目全部向民营企业开放，民营企业

可独立参与投资，也可以通过与国有资本或国有企业联合捆绑的方式参与投资。

（四）大力支持民营企业创新发展，全力孵化科研成果

黑龙江省大力支持民营企业开展创新。在科技创新上，积极推进全省"科技型企业三年行动计划"，2017年新注册成立科技型企业10 440家，主营业务收入500万元以上的2 037家，全省高技术产业完成投资648.9亿元，同比增长13.1%。

在产品创新上，积极落实企业技术中心认定、首台（套）产品奖励政策，2017年新认定升级企业技术中心26个，首台（套）重点领域产品33个，两项共兑现奖励政策资金5 845万元。在商业模式创新上，重点引导制造业企业与互联网深度融合，推广个性化定制和服务型制造等新型制造模式。目前，全省新增食品、医药、装备等行业自动化生产线670多条，认定"流程性""离散型"两类数字化（智能）示范车间22个。鼓励服务型企业线上线下互动发展、转型升级。截至2017年，建成94个电商产业园、电商孵化器和黑龙江大米网等335家电商平台，入驻电商及配套企业2 083家。全年电商交易额、网络零售额分别达到2 387.2亿元、225.9亿元，同比分别增长22.7%、52.6%。吉林省全力孵化科研成果，把建设省光电子创业孵化基地、化工新材料创业孵化基地、吉林大学科技园等列入省政府重点工作任务，分别投入6 000万元、2 000万元、1 500万元进行重点扶持。辽宁省实施"小巨人"培养战略，建立1亿元产业引导基金，重点支持"小巨人"企业发展。现有财政预算安排的扶持企业发展的专项资金重点向"小巨人"企业给予倾斜或优先给予支持，如企业技术改造、企业技术创新等方面资金。

（五）建立健全公共服务体系，帮助民营企业突破发展瓶颈

黑龙江省初步建立了以企业公共服务平台、企业融资服务平台和创新创业服务基地为主的服务体系。2017年，全省企业公共服务平台网络共举办各类服务活动500多期，服务企业近1.5万户。企业融资平台共发布78家银行、担保、证券、风投等机构金融产品182个，有522家企业注册发布融资需求信

息。加强"双创"基地建设，全省共有省级以上小型微型企业"双创"基地115家，入驻企业6 070户。在开展融资服务上，充分利用设立的10亿元企业贷款周转金帮助部分中小微企业缓解续贷难、倒贷难和"过桥"融资成本高问题。发挥省工业企业助保金贷款风险补偿机制作用，帮助企业解决融资问题。在帮助企业降本增效上，重点围绕降低企业用电成本、物流成本、融资成本开展工作。组织电力直接交易，在2017年年底提前开展2018年第一批电力直接交易，可降低企业用电成本6.4亿元左右。通过培育多式联运示范企业、搭建对接交流服务平台、推广"铁路部门物流总包"等方式，帮助企业降低物流成本，其中仅哈尔滨市铁路局通过物流总包全年为企业降低物流成本1.1亿元。在开展企业家培训上，深入实施"龙江千名企业家培训计划"和"龙江企业家发展计划"，从提升制造业企业竞争力入手，共举办各类培训班211期，培训企业家及相关人员2.2万余人次，其中举办企业家培训班161期，培训企业家1.02万人次。吉林省全面推进公共服务，围绕大众创业、万众创新，积极推动创业孵化基地和众创空间建设，2017年全省孵化基地达到262个，在孵企业超过6 500户，众创空间达到55个。全省认定省级中小企业公共服务平台162家，整合各类中介服务机构407家，年均为5万户企业提供服务。全省已上线开通阿里巴巴诚信通店铺3 510个，6 979家企业在百度引擎平台进行互联网营销。确定438户企业开展私营企业建立现代企业制度试点，组织近千名民营企业家开展现代企业制度大讲堂培训。全省共举办"双万"培训班和技能人才培训131期，培训1.4万人。

三、东北三省一区民营经济发展面临的主要困难和问题

近年来，尽管东北三省一区民营经济保持平稳健康的发展态势，但由于起步较晚，受经济下行压力和结构调整等因素影响，面临的困难和问题仍然比较突出。

（一）整体实力不强，经济总量不大

从企业规模与实力看，东北三省一区民营经济是大企业不大，小企业不多，以中小企业为主，多为资源型、化工型、传统型，一般加工工业和资源

密集型产业比重较大，产品多为"原"字号、"初"字号，新能源汽车、新材料、信息产业等高技术产业、战略性新兴产业占比不高，高端制造业和生产性服务业发展滞后，企业普遍规模不大实力不强，与广东省、浙江省、江苏省等发达地区相比还有不小差距。在2018年中国民营企业500强评选中，浙江省占93家，江苏省占86家，广东省占60家，而东北三省一区合计仅有16家入选，其中黑龙江省1家，吉林省2家，辽宁省6家，内蒙古自治区7家。从民营经济总量来看，虽然东北三省一区区域内各省（区）的民营经济总量均已超过各省（区）经济总量的一半，但与东部沿海地区相比差距仍然明显。2017年，广东民营经济实现增加值为4.8万亿元，江苏省民营经济创造增加值为4.7万亿元，浙江省民营经济创造增加值近3.4万亿元，高出东北三省一区区域内各省（区）3～5倍。

（二）创新驱动不足，发展能力不强

市场引导、政府推动、企业主体的创新体系尚未真正建立健全。东北三省一区民营企业主要集中于一般竞争性行业，处于产业链的低端，多数民营企业自主创新能力较弱，产学研合作不紧密，承接高校、科研单位等科研成果的能力不强，致使自主创新成果和科研转化成果不多，创新驱动不足。加之大多数民营企业规模普遍比较小，尚未建立健全现代企业制度，产权关系不够清晰，责权关系不够明确，家族式管理仍比较普遍，习惯拘泥于传统管理模式，缺乏科学的内部控制和有效的制约监督，经营管理创新意识不强。虽然近年来在结构调整、转型升级较为紧迫形势下，越来越多的民营企业逐步树立了创新发展意识，但受资金、人才、技术储备不足限制，尤其是企业缺乏高端人才，创新创业领军人才、高级管理人才，以及"商业精英、财富精英、管理精英、知识精英"等"四精"人才比较少，高端人才引不来、留不住，一些企业在创新发展上"有动力、没实力"，面临不敢转、不会转、没有能力转的困惑，创新带动发展能力普遍比较低下。

（三）要素供给不足，制约企业发展

东北三省一区资本市场、人才市场、产权市场不够发达，难以满足民营

企业对资金、人才和技术的需求，导致企业经营萎缩，发展缓慢。首先融资难、融资贵问题比较突出。融资难主要体现为融资渠道狭窄，大多数中小民营企业自有资金不足，内源性融资有限；股票、债券等直接融资方式又门槛过高，他们主要是依赖银行的间接融资。由于多数民营企业资本实力较弱，市场知名度较小，加之国有商业银行贷款存在"嫌小爱大、惜贷、抽贷、断贷"问题，企业间接融资难以达到信用借贷条件，难以得到商业银行的信贷支持，外源性融资渠道也比较窄。而且民营企业即使能够获得贷款，也面临着办理信贷业务手续烦琐、时间过长，贷款使用周期短等问题，企业有效使用资金额度、时间仅为80%左右；融资贵主要体现在银行方面即使同意给民营企业贷款，也因高风险而提高贷款利率，一般民营企业所付出的贷款成本在15%上下，有的甚至更高。其次是企业用工短缺。这是民营企业普遍存在的问题。受传统就业观念和就业环境影响，特别是一些民营企业不够重视员工、不够善待员工的负面影响，人们在选择民营企业时缺乏"安全感"和"归属感"，导致民营企业招工难，留住难，无法满足企业正常生产经营的用工需要。第三是企业缺乏新技术、新产品、新工艺。主要是与民营企业发展相适应的技术市场体系不健全，致使民营企业获取新技术、新产品、新方法的渠道不畅。

（四）发展质量不高，市场竞争力不强

东北三省一区民营经济发展起步较晚，但经过多年的努力发展，呈现出良好的发展态势。目前，从发展情况看，民营经济总量和民营企业数量均在稳步提升，但是从产业布局、企业规模、发展阶段来看，与发达省份相比还存在较大差距，总体发展质量不高。从产业结构看，东北三省一区民营企业多为资源型，主要分布在门槛较低的传统行业，以从事加工贸易型、资源依赖型、能源消耗型的企业居多，一般加工工业和资源密集型产业比重较大，产业结构比较单一，高耗能、高污染、低技术、低水平产能比较突出，且高端产业、低端环节现象也较为普遍。从产品结构看，大多数民营企业缺乏核心技术和自主品牌，产品结构比较单一，主导产品不多、知名品牌少，高附加值产品不多、自主知识产权产品少，整体发展质量不高，导致市场竞争力

不强。从组织结构看，东北三省一区民营企业大多数是家族式企业，不少企业尚未建立健全现代企业制度，治理结构不够完善，管理水平不高，经营模式比较陈旧，分工协作关系较弱，同质化竞争严重，导致整体发展质量不高。当前经济换挡降速与发展要素趋紧、产能过剩与需求不足、产品价格下跌与刚性支出上升、新动力不足与旧动力减弱等多重因素叠加，民营企业面临较大的经济下行压力，亟待进一步提高发展质量，增强发展后劲和发展能力，推动民营企业持续健康发展。

（五）发展环境不够优化，发展氛围不够浓厚

政务、投资、服务、法治、融资等环境尚需进一步改善，民营经济发展氛围尚需进一步营造，大力支持创业创新的意识、体制和机制尚未建立健全。政务环境有待优化，一些行政管理和执法部门在一定程度上存在着管理与服务职能错位，服务意识不够强，"吃、拿、卡、要"现象虽然大幅下降，但"不担当、不作为、不靠前、服务差"的现象仍时有发生。政策环境有待改善，政策性支持到位率不高，一些民营企业对政策获得感不强。近年来，国家和各省（区）相继出台一系列鼓励和支持民营经济发展的优惠政策，但有的政策由于缺少相应配套的、可操作性强的具体办法，具体标准、操作程序等尚不明确，导致政策难以落实到位，加之政策宣传力度不够大、范围不够广，导致信息不对称，有关政策的社会知晓率不高，影响了政策效能。法治环境有待优化。执法不作为、慢作为现象还时有发生，司法不公、维权难问题依然存在，一些地方政府"新官不理旧账"，失信于企业。投资环境有待优化。一些垄断领域对民间资本的开放度不够，"玻璃门""弹簧门""旋转门"依然存在。政商关系有待改善。在反腐高压态势的震慑下，部分官员担心做多错多担责多，对企业的合理诉求和合法权益不关心、不担当、不作为。服务环境有待优化。配套服务体系不健全，人才市场、资本市场、产权市场等服务体系和服务平台建设不完善，一些企业难以通过市场获取人才、技术和资本，加之信用评价、人才培训、技术信息、法律服务、创业辅导、动态监测等公共服务体系建设滞后，不能满足企业发展需要。

四、促进东北三省一区民营经济高质量发展的对策建议

（一）着力推动政策落地、落细、落实

"一分部署，九分落实"，只有真正把政策落到实处，民营企业才能真正从政策中增强获得感。有关职能部门应不断深化对民营经济在吸纳就业、增加收入、促进创新等方面重要作用的认识，认真梳理区域内有关促进民营经济发展的政策措施，完善从政策制定、执行到监督、反馈等各项机制，进一步细化量化，推动各部门制定具有可操作性的实施细则。重点要抓好国家和省（区）出台的扶持民营企业发展政策措施的落实，着力解决政策落地迟缓、配套措施出台不及时、部门间政策衔接不顺畅等问题，让民营企业真正受益、得到实惠。要把民营经济发展情况纳入对各级党政领导班子业绩考核评价和工作责任目标考核，把民营企业认不认可、老百姓看不看好作为干部目标考核、部门绩效考核的基本内容。

（二）增强对民营经济的服务意识和能力

首先，要强化责任，提高服务意识。要充分认识民营经济发展的重要地位和作用，树立服务民营企业就是推动经济加快发展的理念。民营经济是东北三省一区经济发展的生力军，是经济增长的重要引擎和支撑创业创新的中坚力量。与发达省份相比，东北三省一区民营经济发展不够的问题仍然比较突出，民营企业小、弱、散的发展特点尚未根本改变，与东北三省一区振兴发展的要求不相适应。要针对东北三省一区民营经济发展特点，积极强化服务意识，转变角色，找准服务民营企业发展的切入点和着力点。其次，要完善体制机制，提高服务能力。要进一步完善党政领导和部门联系民营企业制度，加强政企沟通，增进政企互信，依法行政、清正廉洁为民营企业搞好服务；要建立服务民营经济加快发展的激励机制，根据服务民营经济发展的目标和责任内容，按年度考核责任单位和责任人，大力表彰奖励和宣传优秀单位和有功人员，以调动和组织更多的人服务民营企业，促进民营经济更好更快发展。最后，要强化功能，提高服务效率。要进一步简政放权，最大限度地减少行政审批事项，持续推进商事制度改革，着力提高市场主体的"出生

率"和"成活率"。

（三）着力推动民营企业加快创新发展

首先，要全力支持民营企业家创新发展。要激发企业家的创新活力和创造潜能，鼓励企业家持续推进产品创新、技术创新、金融创新和管理创新。对于升级为国家级的企业研发平台和科技领军企业实施重大创新项目、创新平台建设，应分别给予一定数额的专项资金补贴和科技资金补助。积极落实企业研发费用加计扣除、高新技术企业税收优惠等政策，激励企业不断开发新技术、新产品、新工艺，提高产品科技含量和市场竞争力。鼓励和支持企业加强与高校、科研院所合作，推动引资与引智相结合，推动科技成果产业化，推动信息化和工业化深度融合。鼓励企业引进人才，为"国千""省千"人才安心创业创造条件，努力解决其在家属就业、子女入学和基本住房保障等方面的后顾之忧。其次，要依法保护民营企业家创新权益。要加大对企业知识产权的保护力度，发挥司法判决的规则引领和价值导向作用，支持、鼓励企业家通过技术进步和科技创新实现产业升级。依法惩治侵犯企业商标权、著作权、专利权等知识产权犯罪，加大对知识产权犯罪惩治力度，保护自主创新的积极性。进一步完善查处知识产权侵权行为快速反应机制，开展打击侵犯知识产权违法犯罪专项行动，持续形成严厉打击侵犯知识产权犯罪行为的高压态势。健全知识产权纠纷多元化解机制，加大企业知识产权保护维权援助力度。组织开展知识产权巡回服务活动，鼓励支持企业申请国内国际专利和注册商标，健全驰名商标保护机制。最后，要实施创新驱动发展战略。积极推动以市场化手段促进民营经济健康发展的体制机制改革，进一步完善民营企业创新发展的支持举措，努力构建增强民营企业创新发展动力的创新环境。

（四）激发民间投资活力，扩大民间有效投资

深入贯彻落实国务院办公厅《关于进一步激发民间有效投资活力促进经济持续健康发展的指导意见》等政策措施，提振投资信心，进一步激发民间投资的活力，更好地发挥民间投资主力军作用。首先，进一步完善鼓励民间

投资政策，特别在资源环境、生态建设、基础设施、公共服务等重点领域尽快细化完善更具操作性、针对性的政策措施，推动有关部门制定具体的实施办法，并研究提出路径、方式和时间表，使民营企业"敢于"和"放心"进入该领域投资。其次，进一步创新投资方式。引导企业通过参股、控股、资产收购等方式参与国有企业兼并重组，发展混合所有制企业，把政府资源和民间投资很好地结合起来，激发民间投资活力，扩大民间投资规模。最后，进一步优化投资结构，提高投资效率。要积极引导民间资本投资高新技术、新一代信息技术、新能源、新材料、节能环保、生物医药、高端装备等战略性新兴产业和新经济业态，向价值链中高端延伸。同时，要进一步推进供给侧结构性改革，引导民营企业抓住结构调整的机遇和空间，化解既有库存，扩大有效供给，提高有效投资，淘汰落后产能，创造新的经济增长点。

（五）切实增加民营企业生产要素有效供给

针对东北三省一区民营经济面临的资金不足、人才匮乏和技术滞后等状况，要采取有效措施，积极搭建发展平台，切实增加要素有效供给。一要强化融资平台建设。要加强融资机构建设，降低企业获得信贷融资的难度和成本。金融机构要认真贯彻落实国务院相关政策，减少企业贷款中间环节，延长受信期限，防止"过桥"，降低企业资金压力和风险；要健全政策性融资担保体系。加强各级政府注资控股的政策性担保机构建设，加大财政资金杠杆功能，帮助企业提升金融信用水平；应加强区域资本市场建设。进一步完善企业上市、股权托管交易中心挂牌扶持等政策；要鼓励发展小额贷款公司、融资担保机构、股权投资基金、融资租赁公司、企业财务公司等各类创新型金融机构。二要强化人才交流平台建设。要大力发展人才市场。充分发挥人才市场的调节功能，对流动的专业技术人员和管理人员，要全部纳入人才市场调节；要进一步完善人才保障机制。把民营企业人才需求纳入省（区）级总体规划，统筹安排对中高级管理人员、技术研发人员和高技能人才的引进和培训，特别要注重高端人才的引进和培养，要完善劳动力市场。把劳动力流动全部纳入市场，使劳动力供求双方通过市场实现合理流动和优化配置。三要强化技术转让平台建设。要采取政府引导、市场化运作、开放式服务等方式，在民营企业比较集中和具有产业集聚的地方，建立健全一批技术转让平台，整合及利用政府、社会和企业的资源，在落实政策、信息交流、推动合作、反映诉求、规范行为等方面，为企业提供全方位服务。同时，要加强开发区、孵化园区的基础设施建设，提高发展平台的承载功能。

编委（排名不分先后）：牛学民　沙育超　周福辉　赵庆禄
课题组负责人：牛学民
课题组成员（排名不分先后）：朱乃芬　许　宁　沙育超
于庆华　冷　旭　周福辉
李文涛　王凯超　赵庆禄

2017—2018年西北地区民营经济发展报告

摘要：2017年，西北地区深入学习贯彻落实党的十九大精神，深入贯彻落实党和国家关于鼓励、支持、引导非公有制经济发展的方针政策，加大政策支持力度，不断优化营商环境，西北地区民营经济总体发展势头良好，发展质量不断提升。但与全国其他地区相比，还存在思想认识不到位、地区差异明显等，制约着民营企业发展的问题。下一步，要深化认识，转变方式，着力构建便捷高效的服务体系，营造良好的发展环境；注重创新，找准关键，着力解决民营企业实际困难，切实增强民营经济发展动力。

关键词：西北地区　民营经济　平稳发展

一、西北地区民营经济发展基本情况

（一）总量规模平稳增长

2017年，西北地区非公有制经济整体发展势头良好，总量规模持续扩大，非公经济完成增加值达到22 697.61亿元。西北地区非公经济增加值占GDP的比重逐年增加达到46.38%，同比增长0.77（见表1）。

表1　2017年西北地区非公经济完成增加值

单位：亿元、%

分类 地区	地区GDP	非公经济增加值		
		增加值	占GDP比重	同比增长
陕西省	21 898.81	11 849.22	54.1	0.3
甘肃省	7 677	3 700.3	48.2	0.6
宁夏回族自治区	3 453.93	1 697.62	49.2	0
青海省	2 642.80	950.81	36.2	0.5
新疆维吾尔自治区	10 920	3 499.66	32.0	0.2
新疆生产建设兵团	2 339.07	约1 000	43.0	1.0
合计	48 931.61	22 697.61	46.38	0.77

（二）主体数量持续增加

在规模增长的同时，非公经济组织发展迅速，企业数量不断扩大。截至2017年年底，西北地区民营企业和个体户户数达到607.96万户。其中，私营企业139.39万户，个体工商户456.41万户（见表2）。

表2　2017年西北地区非公经济组织发展情况

单位：万户、%

地区 \ 分类	私营企业		个体工商户		合计
	户数	同比增长	户数	同比增长	
陕西省	60.4	19.04	162.82	8.8	223.22
甘肃省	30.04	19.9	107.12	1.26	146.58
宁夏回族自治区	13.53	20.48	37.94	10.77	54.21
青海省	3.56	26.69	33.93	9.49	37.49
新疆维吾尔自治区	27.7	20.86	110.8	13.93	138.5
新疆生产建设兵团	4.16	0.97	3.8	0.82	7.96
合计	139.39	22.65	456.41	5.90	607.96

注：甘肃省合计数包括私营企业、个体工商户及农村专业合作社。

（三）从业人员不断增多

2017年，西北地区个体私营从业人员达1 763.17万人，同比增长9.92%。其中，私营企业就业人员达823.87万人，个体工商户从业人员达984.16万人（见表3）。非公经济组织在解决城镇就业压力、吸纳剩余劳动力、提供新增就业岗位等方面做出了积极贡献。

（四）进出口趋势不稳

2017年，西北地区非公企业进出口占地区同期进出口总值比重不一，宁夏回族自治区和新疆维吾尔自治区占地区进出口总值分别达91.22%和86.5%，而陕西省、甘肃省仅占20.2%和43.8%。甘肃省和青海省进出口同比下降较多；其他地区普遍发展迅速，尤其是宁夏回族自治区非公企业进出口增长较快（见表4）。

表3　2017年西北地区非公经济组织从业人员统计表

单位：万人、%

分类 地区	私营企业	个体工商户	合计	同比增长
	200	360.81	560.81	8.26
甘肃省	183.92	295.32	479.24	15.35
宁夏回族自治区	127.28	45.58	172.86	—
青海省	61.82	77.22	139.04	17.26
新疆维吾尔自治区	181	195	376	12.57
新疆生产建设兵团	69.85	10.23	80.08	24.30
合计	823.87	984.16	1 808.03	12.72

注：宁夏统计数据为非公有制企业法人单位和城镇个体从业人员数。

表4　2017年西北地区非公经济进出口统计表

分类 地区	地区进出口总值	非公经济进出口		非公经济占地区进出口总值比重（%）
		总值	同比增长（%）	
陕西省	2 714.93亿元	547.56亿元	67.5	20.2
甘肃省	341.7亿元	149.4亿元	−51	43.8
宁夏回族自治区	341.29亿元	311.31亿元	71.01	91.22
青海省	44.43亿元	32.25亿元	−68.11	72.58
新疆维吾尔自治区	206.6亿美元	178.64亿美元	17.4	86.5
新疆生产建设兵团	75.90亿美元	59.92亿美元	0.96	78.9

（五）民间投资趋于平稳

2017年，西北地区完成民间投资49 067.38亿元，同比下降3.89%；民间投资占全地区固定资产投资的39.96 %。民间投资除甘肃省下降42.6%外，其他地区虽然增幅不大但普遍有所增加，其中，宁夏回族自治区民间投资占地区固定资产投资比重最多达到54.7%（见表5）。

· 139 ·

表5　2017年西北地区民间投资统计表

单位：亿元、%

分类 / 地区	地区固定资产投资额	民间投资		民间投资占地区固定资产投资比重
		投资额	同比增长	
陕西省	21 898.81	9 683.16	10.8	41.1
甘肃省	5 696.3	2 463.6	−42.6	43.5
宁夏回族自治区	3 813.38	2 038.08	5.5	54.7
青海省	3 897.14	1 226.50	1.2	31.5
新疆维吾尔自治区	11 795.6	3 416.85	1.3	29.0
新疆生产建设兵团	1 966.15	783.29	21.1	39.8
合计	49 067.38	19 611.48	−3.89	39.96

（六）缴纳税收贡献突出

2017年，西北地区民营经济缴纳税收共6 432.73亿元（不含新疆生产建设兵团）。其中，陕西省非公控股企业上缴税收达2 020亿元，占全省税收总额的66.6%，宁夏回族自治区非公经济缴纳税收增幅最大，达到32.54%（见表6）。

表6　2017年西北地区非公经济缴纳税收情况

单位：亿元、%

分类 / 地区	地区税收收入	非公经济缴纳税收收入		
		总额	同比增长	占地区税收收入比重
陕西省	3 033.03	2020	3.7	66.6
甘肃省	316.24	91.9	−55.85	29.06
宁夏回族自治区	563.01	283.29	32.54	50.31
青海省	361.75	173.24	−1.27	47.88
新疆维吾尔自治区	2 158.7	1273	21.35	58.97
新疆生产建设兵团	—	—		
合计	6 432.73	3 841.43		59.71

注：陕西省统计数据为非公控股企业上缴税收数额。

此外，民营企业对外开放水平不断提高，在对外开放中的作用愈加突出，履行社会责任能力不断增设，社会贡献逐步提升。西北民营经济已经成为扩大社会就业、增加城乡居民收入的重要支撑，对促进社会和谐、建设小康社会具有重要的推动作用（以上相关数据均由各省区提供）。

二、存在的困难和问题及原因分析

西北地区民营经济发展总体势头良好，发展质量不断提升，但与全国其他地区相比，还存在许多问题和困难。

（一）思想认识方面

一是观念滞后、思想保守这是造成西北地区非公有制经济发展水平低的根本原因。近几年，各省区相继出台各类扶持非公有制经济发展的政策措施，体制机制不断完善，但仍然没有扭转与全国相比相对落后的局面，制约着非公有制经济发展。二是一些地方和部门对非公有制经济的地位和作用认识不到位，思想不重视，不能将民企与国企一视同仁，认为非公有制经济处于拾遗补阙、无足轻重的地位，甚至存有偏见和歧视；执行政策说得好、做得差，承诺得好、兑现得差，社会上还缺乏重商、亲商、爱商、护商的浓厚氛围。三是营商环境还有待进一步优化，有些政策由于宣传不到位，政策门槛高等原因，很多难以落实，不能发挥预期作用；有些政策由于缺乏可操作性和连续性，导致无法真正落实到位，致命政策作用发挥不明显；政府在诚信建设、行政效率和工作作风等方面还需要进一步加强。四是一些非公企业对现代企业经营管理和市场经济认识不足，自主创新意识不强，只专注于自身发展，思想观念跟不上新常态、新形势的要求，用老办法解决发展中出现的新问题，缺乏企业家精神；一些企业甚至管理凭经验，经营重眼前，不重视专业人员的培养。

（二）地区差异方面

虽然西北地区近年来非公经济虽然有较大发展，但与其他地区相比，存在的差距依然非常大。一是总体量小。西北地区民营企业发展相对滞后，目前西北地区非公企业和个体工商户有600多万户，无论从非公经济增加值还是非公经济占GDP值，都与东部地区尤其发达省市无法相比。二是规模偏弱。西北地区非公企业虽每年增加量较大，但真正上规模、上水平的不多，尤其是缺少带有"城市名片"、具有强力带动作用的"旗舰式企业"。在全国工商联发布的2017年度中国民营企业500强名单中，西北地区仅占12家，其中，陕西5家、宁夏3家、新疆2家、建设兵团2家，甘肃、青海无企业名列其中。三是层次较低。产业层次不高，产业结构不够优化，非公企业主要集中在传统的下游产业和低端服务业，生产性服务业比重低，公共服务领域投资少，深加工、高科技、高附加值的新兴产业及外向型企业发展滞后。四是创新不足。"新精强"的企业少，"散小弱"的企业多，大多企业研发投入不足，自主创新能力弱，设备工艺落后，经营方式粗放，缺乏核心技术和自主品牌。以青海省为例，一些具有青海高原特色的产品，普遍存在产品附加值不高、产业融合度不够等问题，同质化、可复制现象比较突出，没有形成农牧业与工业、服务业的深度融合发展。

（三）具体问题方面

目前西北五省区民营企业发展遇到最突出的问题还是"老五难"：一是融资难，从西北地区情况看，无论是直接融资，还是间接融资，都明显趋紧，"融资难、融资贵、融资慢"问题仍然突出；二是人才缺，人力人才资源和人才储备相对不足，缺少人才培养基础；三是成本高，原材料价格上涨、人工成本上涨，电力、物流等要素价格偏高，使企业经营成本不断增加；四是税费重，企业的社保、土地等税费负担依然较重，同时消防、安评、环评、地方病等各种专项执法活动和检查频繁；五是创新难，民营企业普遍自主创新动力不足，科技成果转化率不高。而且目前还出现了"新三难"：一是转型难，有些企业把转型简单地当作转行，导致出现盲目扩张规模，转型不成功；二是创业难，因为没有顺应和把握发展趋势，缺乏必要的条件支撑，很多初创企业难以做大做强；三是交班难，民营企业创业者的孩子不愿接父辈的班，缺乏创业创新的精神激励等。这些新老问题叠加，既困扰着广大非公有制企业家，也严重影响着全省非公有制经济发展，必须高度重视，积极采取有力措施加以解决。

三、对策建议

（一）深化认识，着力营造良好的发展环境

一要深化对非公有制经济基础地位的认识，不断优化非公有制经济发展环境。发展环境就是生产力，好的发展环境能引来金凤凰，能聚气、聚财聚力、聚发展。尤其是西北地区，要广泛营造非公有制经济加快发展的良好投资、政策、服务和人文环境，以良好的营商环境弥补所处区域的劣势，最大限度增强非公有制企业发展的自信心和获得感。二要大力促进非公有制经济人士健康成长。要充分发挥企业家精神，坚持团结、服务、引导、教育的方针，一手抓鼓励支持，一手抓教育引导，真正让企业家担负起重大政治任务和社会责任，教育非公有制经济人士遵法守信，把企业发展与社会责任结合起来，赢得社会尊重、实现企业发展。三要采取有力措施把现有政策落到实处，让企业切实从中受益，促进发展。要抓好政策制定、落实、见效的各个环节，在制定上精准"发力"，在落地上持续"给力"，推出更多简洁明了、务实管用、便于操作的政策举措。

（二）注重创新，着力增强非公经济发展动力

一要大力支持非公有制企业推进科技创新，把非公有制科技企业纳入各级政府科技发展规划，逐步建立非公有制企业自主创新投入机制，加快发展科技型中小企业，鼓励和引导具有一定规模、符合国家产业政策、市场前景看好的非公有制企业创名牌上档次、上规模、上水平。鼓励非公有制企业加大科技投入力度，支持非公有制企业与省内外大型企业、学校科研机构院所开展技术合作和人才培养，支持非公有制资本创办科技研发机构，提高企业自我发展能力。二要加强产学研合作平台建设，围绕国家重大发展战略，瞄准产业结构优化升级为民营制造业迈向"高精尖"提供的重大机遇，围绕特色产业链延伸加速产业分工，推动企业提质增效、转型升级。三要支持企业技术改造，积极设立重大项目贴息基金、重点产业振兴和技术改造专项资金，支持企业装备更新和技术升级。加大对小微企业创新的优惠政策支持，鼓励民间资本进入创新研发领域。

（三）找准关键，着力解决民营企业实际困难

围绕习近平总书记在民营企业座谈会上提出的六项重要政策举措，认真研究分析，在吃透现有政策的基础上，深入基层、商会和企业，深度了解掌握企业真实情况和问题的症结所在。一要发挥工商联与政府相关部门的联系协调作用，共同深入开展调查研究，发挥部门职能作用，区分共性问题和个别问题，从相对专业的角度把企业反映的问题真正搞清楚、想明白、分析透，及时将有关情况向当地党委、政府汇报。二要注重收集典型案例，有针对地提出高质量的意见建议，充分利用参与人大立法建议、政治协商会议等议政建言平台，推动支持非公经济持续健康发展。三要促进政策落实落地。通过一些行之有效的政策措施，真正发展壮大一批技术含量高、规模体量大、产业前景好、产品质量优、税收贡献大的民营企业。有针对性地解决企业发展中的困难和问题，不断壮大民营经济的规模和总量。四要加强人才培养和储备。通过提高企业家综合素质，创新管理模式，重视人才引进和培育，激发创新人才工作活力，逐步增强民营企业自主创新能力。

（四）转变方式，着力构建便捷高效的服务体系

要积极转变发展观念，深刻认识到服务非公有制企业就是服务经济发展，关注非公有制企业就是关注经济发展这个硬道理，不断加快面向非公有制企业的服务体系建设。一是加快构建完善公共服务平台，把公共服务平台建成反映诉求和解决问题的渠道，逐步形成具备政策咨询、创业创新、人才培训、技术研发、融资担保、法律援助等多功能、社会化的服务体系，为企业转型升级提供保障和支持。二是创建中小微企业融资信息共享平台，分析企业管理和经营数据，建立信用考核体系，相互进行风投、融资，提供发展资金，实现双赢双促，完善地方金融体系，大力引进和设立各类金融业态，积极创新和灵活运用多种金融产品，建立各类贴息、免息、风险补偿、贷款担保基金，做大做强政府性融资担保体系，切实解决"融资难、融资贵"的问题。三是鼓励发展混合所有制经济，积极搭建国有与民营对接交流平台。支持国企通过投资入股、并购重组等多种方式，与民企进行股权融合，实现

战略合作和资源整合。支持民企参与国企股改上市，在管理理念、股权结构、运作模式等方面实现根本性转变。四是加快构建人才培训和柔性引智平台，把非公有制企业人才开发纳入人才队伍建设总体规划，为专业技术人才提供更好的医疗、教育、住房等生活保障条件，不断营造重商、亲商、暖商、安商的浓厚氛围。五是加强诚信体系建设，坚持工作重心下移，加大经济发展环境整治力度，鼓励非公有制企业打消顾虑，对各种影响发展环境的行为敢于大胆投诉，依法保护企业家和从业人员创新创业积极性，推进政府诚信、企业诚信和个人诚信建设。

编委（排名不分先后）：董　翔　何晓勇
　　　　　　　　　　　吕晓明　章海英
　　　　　　　　　　　陶丽琼　宋光杰
课题负责人：章海英
课题组成员（排名不分先后）：朱荣太　祁　琰　赵昌奎　尚　潇
　　　　　　　　　　　　　　　高　鹏　陈　尧　董　青　张明霞
　　　　　　　　　　　　　　　康俊杰　廉俊杰　陈建民　纪泽东
　　　　　　　　　　　　　　　刘亚康　隋建勋　常雅琼　薛　峰
　　　　　　　　　　　　　　　孙润涛

2017—2018年福建省民营经济发展报告

福建省工商业联合会

摘要：在各级党委政府的重视支持下，福建省民营经济发展稳中有进，全省民营企业紧紧抓住中央支持福建加快发展的历史机遇，主动适应和引领新时代，加快提质增效升级步伐，商会充分发挥经贸合作、产业链招商的优势。福建民营企业发展态势良好，竞争力强，科技创新能力不断提升，转型升级步伐加快，发展后劲不断积蓄，已经成为推动福建经济社会高速发展的"生力军"。新时代要进一步推动民营经济实现高质量发展，还需要结合重大战略机遇，培育新经济新业态，提升民间投资质量，不断优化金融服务水平及营商环境。

关键词：提质增效 民间投资 金融服务 科技创新

2017年以来，面对复杂变化的国际国内形势，福建省委、省政府以习近平新时代中国特色社会主义思想为指引，深入贯彻党的十八大、十九大及十九届二中、三中全会精神，认真贯彻落实中央决策部署，进一步发挥"六区叠加"改革开放排头兵作用，以创新驱动推动高质量发展实现赶超目标，不断推进产业结构优化升级，加快新旧动能转换，持续改善营商环境，全省民营经济保持平稳发展。各地各部门持续在降低实体经济运营成本、促进民间投资健康发展、引导企业持续增加创新投入、加快发展人工智能产业等方面加大工作力度并取得明显成效，促进民营经济实现高质量发展。

一、福建民营经济发展的总体情况

福建省民营经济经过改革开放40年的发展，在全省经济总量中形成"三分天下有其二"的格局，民营经济已经成为推动全省发展不可或缺的力量，成为创业就业的主要领域、技术创新的重要主体、税收的重要来源，在社会主义市场经济发展、政府职能转变、农村富余劳动力转移、国际市场开拓等方面发挥了重要作用。

福建省委、省政府高度重视民营经济发展，深入贯彻落实习近平总书记在民营企业座谈会上的重要讲话精神，坚决落实中央出台的各项减税降费政策，能减则减、能免则免、能低则低，切实减轻企业负担；着力提高惠企政策精准度、知晓率、可得性，大力推进政策落地见效，多为企业雪中送炭；支持企业转型升级、提质增效，多渠道助融资、降成本，让企业轻装上阵。2017年以来，省级层面出台了《关于营造企业家健康成长环境弘扬优秀企业家精神更好发挥企业家作用的实施意见》《促进全省工业稳增长调结构若干措施》《进一步降低实体经济企业成本的若干意见》等一系列引导、扶持政策，为民营经济营造了良好的发展环境。持之以恒践行"马上就办，真抓实干"，坚决除壁垒、拓空间，打破各种"卷帘门""玻璃门""旋转门"，深化"放管服"改革、商事制度改革、证照分离改革，全面推进"互联网＋政务服务"，让企业和群众办事像网购一样方便。支持自贸试验区深化改革创新，打造最具竞争力最有吸引力的营商环境，充分发挥自贸试验区的示范引领作用。加快建设法治福建，加大产权保护力度，健全信用体系，依法保护企业家人身和财产安全；完善政企会商、恳谈会、政企直通车等制度，大力弘扬闽商精神，构建"亲""清"新型政商关系，真正让企业家感受到"自己人"的温暖。

全省民营企业紧紧抓住中央支持福建加快发展的历史机遇，主动适应和引领新时代，加快提质增效升级步伐，获得新发展。截至2017年年底，全省已有产业集群达31个，其中产值达千亿元以上的产业集群21个。厦门光电、漳州农产品加工、泉州体育用品和食品产业、三明金属及深加工、莆田鞋业、南平林产品加工、龙岩工程机械及专用设备、闽东电机电器、长乐纺织化纤等重点产业集群均以民营企业为主。阳光龙净集团上榜2018年《财富》世界500强，荣列中国500强；紫金矿业、永辉超市、阳光城集团、融信中国、泰禾集团、恒安国际、达利食品、福耀玻璃、安踏体育等荣列中国500强。正荣集团、福晟集团、恒申控股、永荣控股、金纶高纤、时代新能源、捷联电子、圣农控股等20家入选"2018中国民营企业500强"，上榜数居全国第6位。

二、福建民营经济发展的主要特点

（一）民营经济发展态势稳中有进

2017年，福建省民营企业数量占全省企业数量的90%以上；全省民间投资1.58万亿元，同比增长18.6%，占全省投资的60.2%，拉动投资增长10.7个百分点。全省规模以上民营工业企业1.66万家，占全省规模以上工业企业数的96.2%。民营企业吸纳了全省82%以上的就业。2018年上半年，全省经济发展态势稳中向好，地区生产总值增长8.2%，投资、消费、出口、财政收入等主要指标增速均高于全国平均水平。固定资产投资同比增长13.4%；民间投资同比增长21.7%，增幅比上年同期提高6.2个百分点；全省出口总额3 647.19亿元，增长7.0%；其中民营企业进出口2 822亿元，增长8%，占全省的47.2%。在对美国贸易方面，上半年全省对美出口741.86亿元，在福建省五大传统出口市场中位居首位，增长7.6%。全省实有私营企业（内资）105.4万户，资本总额7.25万亿元，分别占全部企业的91.77%、69.99%。全面落实涉企收费目录清单制度，着力降低制度性交易成本和用能、物流成本。2017年全省累计为实体经济企业减轻负担700亿元，2018年预计仍可降低企业成本700亿元。

（二）民营经济贡献率高

2017年，全省民营经济增加值21 717亿元，增长8.1%，对全省GDP的贡献率为73.2%，对经济增长贡献率为67.4%；民营企业进出口5 389亿元，增长7.1%，占全省进出口的46.5%。对经济社会发展的贡献进一步突显，民营经济缴纳税收2 791亿元，增长10.8%，占全省税收的比重为70.5%。对固定资产投资方面起到支撑作用，全省民营经济完成固定资产投资15 789亿元，增长18.6%，占全社会固定资产投资的60.2%，比全省固定资产投资增速高出5.1个百分点。

（三）民营企业竞争力强

目前，福建全省规模以上民营企业数占全省的 96.2%；主板和中小板上市的民营企业占全省的73%，"新三板"挂牌的民营企业330家，占全省的99.4%；入选2018年全国民营企业500强企业20家，比上年增加10家；首次发布福建省民营企业百强榜单，入围门槛达10亿元；入选省2018年百强企业的民营企业54家，超过一半；入选国家、省单项冠军企业（产品）的民营企业分别达到16家和106家，分别占全省的88.9%、81.5%；入选2017年全省工业制造业龙头企业 284家，占工业制造业龙头企业的92.2%；2017年产值超百亿元民营工业龙头企业29家，占全省产值超百亿元工业企业的 72.5%；2018年1—9月列入高成长企业的民营企业316家，占全省高成长企业的99.0%；2018年707项省级工业新增长点项目绝大部分都是民营企业。

（四）科技创新能力提升

2017年，福建民营企业贡献了全省73%的科技成果，高新技术企业中95%以上是民营企业；民营企业拥有国家级、省级企业技术中心29家和409家，分别占全省的78%和92%。企业R&D经费投入占全社会研发经费的87.9%。创新平台载体加快建设，2017年以来，在民营企业中启动试点建设省级制造业创新中心3家，新增国家级技术创新示范企业6家、国家级企业技术中心5家，新组建省级企业技术中心27家，省级"专精特新"中小企业224家。截至2017年年底，全省民营企业主导和参与制定国际标准17项、国家标准473项；全省民营企业专利授权量39 433件，占全省专利授权量的57.7%。

（五）转型升级步伐快

福建通过实施产业转型升级行动、千亿产业集群推进计划，推动民营企业通过运用先进技术、先进工艺和先进管理提升改造、实现转型。2017年以来福建省民营企业完成"机器换工"约1.7万台（套），重点行业企业生产效率提高20%，运营成本降低15%。全省大中型民营企业中约有70%在销售产品的同时提供增值服务，近25%的企业通过服务外包、剥离设立生产性服务机构等方式实施主辅分离。培育发展284家省级民营龙头企业，带动产业链上下游及配套中小企业升级发展。强化创新驱动发展战略，通过财政奖补的方式引导企业加大研发投入，2017年全省下达企业年中及单项研发经费预补助1.14亿多元，带动企业研发投入81.4亿元，全年累计发放科技保险补贴1 200多万元，支持200多家次高新技术企业获得近300亿元的保险保障。深入推进两化融合，离散制造、流程制造、个性化定制、远程运维服务、网络协同制造等新模式迅速兴起。全省两化融合发展指数、信息化发展指数均居全国第7位，648家企业通过国家两化融合管理体系贯标评定，数量居全国第1位。

（六）发展后劲不断积蓄

通过搭平台、建机制、强招商、抓协调、优服务，建立和完善"三全"抓项目工作机制，连续举办八届民营企业产业项目洽谈会，利用数字中国建设峰会、军民融合大会等重大活动开展民企产业项目招商。截至2018年9月底，全省累计共对接民营企业产业合同项目9 390项、计划总投资5.69万亿元，项目落地开工率达77.1%，促进了民间投资增长，其中工业领域民间投资占全社会投资比重从2010年的61%提升到2017年的82.2%。目前，全省民营工业和现代服务业在建项目1 845项、计划投资 1.21万亿元，还有已签约待开工建设项目1 249项、计划投资0.79万亿元。近年来宁德时代新能源、厦门联芯、元生智慧、期鹭文化、融生置业等一批制造业龙头企业和现代服务业企业快速发展，对福建省民营经济的持续做大做强和传统产业的转型升级起到积极作用。同时，鼓励和规范民间资本参与政府和社会资本合作，推出有竞争力的PPP项目吸引民间资本参与。

三、促进福建民营经济高质量发展的建议

（一）优化营商环境，提振民营经济发展信心

营造亲商、爱商、护商的环境，弘扬优秀企业家精神，形成尊重和激励企业家干事创业的社会氛围。进一步完善鼓励民间投资政策，特别在资源环境、生态建设、基础设施、公共服务等重点领域尽快细化完善更具操作性、

针对性的政策措施。及时向社会公开发布产业政策、发展规划、行业动态信息，常态化征集企业对政策落实情况及政策内容的意见、建议并逐级集中反映。加快民间投资公共服务体系建设，逐步推动鼓励和引导民间投资的政策性补贴事项办理等实现"一口受理、一表申请、一站办结"。在注册登记环节，清理不必要的后置审批和许可，由"先照后证"到"先照减证"；投资建设方面，推行"负面清单＋标准＋承诺＋备案"制；生产经营环节，推行生产经营许可制度和市场认证制度并轨。精准跟踪服务，优化审批流程，提高项目的签约率、到资率和开工率，尽快实现项目的投产达产。推动各地、各级建立收费目录清单制度，建立收费清单管理制度，加快制定政府非税收入管理条例，做到应免尽免。及时办理出口退税、财政奖补手续。适当调低制造业增值税率，并在增值税进项税项下，增加固定资产折旧费、"五险一金"及员工薪酬奖金等抵扣项。坚持分业施策，对于在"营改增"中税负不降反升的行业、企业，应积极帮助其合法取得凭证，有效抵扣税费。细化惠企配套政策，明确部门责任，适时开展督查，通过第三方评估政策效果，对不作为、慢作为问题进行追责。

（二）培育新经济新业态，提升民间投资质量

聚焦战略性新兴产业、高技术产业、高端装备制造业等关键领域，编制和发布面向民营企业的产业目录，促进产业转型升级。促进产学研用深度合作，引导龙头企业与福建省高校共建，加强基础科研创新，推进关键技术攻关，提升研发能力，创造市场需求。完善政策性担保体系，创新发展服务小微企业、产业集群的保险产品，建立民营企业重大技术创新、产品"市场化首用"的风险分担机制。强化知识产权保护，为民营企业创新发展提供保障。加强知识产权综合行政执法队伍建设，加快建立知识产权侵权惩罚性赔偿制度，依法保护各类市场主体的创新收益。在企业面临反倾销应诉和知识产权恶意诉讼时，各级行业商协会应在信息共享、集体协商、专业鉴定等方面给予必要的协助。制定针对领军人才、高端科技人才、创业团队的个性化政策，吸引国内外优秀人才及团队来福建发展，释放各类科技人才的内在动力、活力、创造力，激发企业家的首创精神。依托各类众创空间打造创新孵

化中心，发挥龙头企业作用完善产业链上下游协同机制，提升科技中介的专业化水平和市场化水平。

（三）结合重大战略机遇，拓展民营经济发展空间

引导全省民营企业以"千企帮千村"精准扶贫行动为平台参与乡村振兴战略，加快推进农业农村现代化，提高农民生活水平，拉动和扩大农村内需潜力。有序引导民间资本参与补短板提升民生社会事业发展水平，建立项目落地问题动态台账和服务平台，增加教育、卫生与健康、养老和城乡民生基础设施等领域的有效供给。完善发展混合所有制经济的法律法规，建立民营企业投资收益权保障机制和补偿制度，推动民营企业对国企中的优质资产进行兼并重组。鼓励发展军民融合产业中介服务机构，协助企业申请军工资质认证、拓展军工科研和生产业务，促进国防需求与民企技术对接。引导企业调整市场结构，深耕庞大的国内市场，开拓新的海外市场，降低贸易摩擦带来的冲击。鼓励企业沿着"一带一路"走出去，对全省涉及企业"走出去"的审批权限和环节进行清理，进一步简化手续。对明显受贸易摩擦影响、生产经营困难的企业在信保、退税、融资、贴息、开拓新兴市场方面提供支持，对企业增加关税部分予以适当补贴，从宽从快处理好进出口企业涉税、退税有关问题。

（四）优化金融服务，缓解民企融资难题

加大银行业机构对小微企业信贷投放力度，采取"核减债务"或"停息挂账"，给予民营实体企业获得重组、转型升级、生产和发展的机会，对资金有问题但发展势头良好的企业不惜贷、不抽贷，持续推广无还本续贷。完善金融服务收费信息披露，进一步精简收费项目，对存在不规范收费的个别银行业金融机构加大督查处罚力度。开展监管套利、空转套利、关联套利的"三套利"专项治理，推动建立统一的银行业从业人员处罚信息库，确保金融切实支持实体经济发展。加快推进金融市场化改革，探索研究设立中小企业专业银行进一步发展绿色金融、普惠金融、科技金融，推广"科创贷""工业园区贷"等创新产品，探索贷款、保险、财政风险补偿捆绑的专

利权质押融资新模式，依托行业商会建立批量客户信息与资源，开发针对行业特征各异的授信模式，提高中小微企业贷款获得率。推动银行业机构进一步改造信贷管理制度和信用评价模型，搭建面向中小企业的一站式投融资信息服务体系，发展与市场相容的统一监管理念和有差异的监管技术。建立健全政策性融资担保机构资本金持续注入、项目协同推荐、风险分担、代偿补偿、尽职免责、激励约束等机制。出台政策明确联保的企业按自身担保比例来偿还担保额度，恢复企业良好征信。引入民间资本发展更多的区域性小微银行，积极发展多层次资本市场，推进供应链票据、订单、专利权及股权等新型抵押物的债务融资。

（五）发挥商会组织作用，助力民间投资健康发展

截至2018年9月，福建省各级工商联所属商会1 432家，异地商会381家，充分发挥异地商会对接两地经贸合作的优势、行业商会产业链招商的优势。政府通过购买服务的方式赋予商会一定招商职能，提供资金奖励。引导商会组织参与政策第三方评估，选取部分企业作为定向监测点，以市场主体感受为评判标准，准确反映政策执行情况和行业企业合理诉求，促进营商环境不断优化。商会要通过提供行业规则和治理机制，维护公平竞争的行业秩序，以行业自律提升企业产品供给的质量。发挥行业商协会作用，协调行业内骨干企业加大联合技术攻关力度，促进行业企业向高质量发展阶段迈进。

课题负责人：陈　飚
课题组成员（排名不分先后）：林贤文　董静怡　何欣荣　黄　韬　肖进良
执笔：黄　韬

2017年广西壮族自治区民营经济发展报告

摘要：2017年，广西民营经济增长快、对外贸易情况好转、创新转型成效显现，但也存在非公工业和民间投资贡献下降、营商环境不够优、融资环境差、成本高、创新动力不足、产权保护不到位，以及民营企业得不到公平对待等困难和问题。为此，本报告提出了拓宽民间资本投融资渠道、鼓励创新发展、搭建信息共享平台、完善产权保护制度、建立营商环境评估问责机制、提高民营企业家的政治地位等工作建议。

关键词：广西　民营经济　发展报告

2017年，广西壮族自治区民营企业按照自治区党委、政府的决策部署，围绕"创新、协调、绿色、开放、共享"五大发展理念，进一步提质增效升级，经济运行总体保持平稳发展。

一、2017年民营经济主要指标完成情况

据有关部门统计：

——截至2017年12月底，广西共有私营企业59.82万户，从业人员403.97万人，注册资本（金）25 643.77亿元，分别比2016年增长16.07%、12.17%、31.70%；全区实有个体工商户168.90万户，从业人员383.39万人，资金数额1 367.09亿元，分别比2016年增长9.42%、11.69%、25.30%。

——2017年，广西非公规模以上工业增加值5 029.6亿元，同比增长5.5%，总量占广西全部规模以上工业增加值的67.3%，贡献率达到53.5%。

——2017年，广西民间投资完成11 797.47亿元，同比增长8.5%，增速比2016年高1个百分点，比广西平均水平低4.3个百分点；占广西固定资产投资的59.3%，比2016年低2.3个百分点。

——2017年，广西民营企业进出口贸易额1 651.42亿元，同比增长24.6%，比广西增速高1.8个百分点，占全广西进出口贸易总额的42.71%。

——据测算，2017年，全区非公经济提供税收1 466.61亿元，同比增长13.18%。

二、2017年民营经济发展特点

（一）个体私营经济增长较快

与2016年相比，2017年全区私营企业数增加了8.29万户、从业人员增加43.84万人，注册资本（金）增加6 172.07亿元；个体工商户增加14.55万户、从业人员增加40.14万人，资金总额增加276.05亿元。

（二）民营企业对外贸易扭亏为赢

2017年，广西民营企业进出口贸易扭转了下降局面，总额增速从2016年下降23.82%提升到增长24.6%。

（三）民营企业创新转型取得新成效

调查数据显示，有技术改造的企业占调查企业数的28.7%；投入技改费用超过1 000万元的企业占7%，100万～1 000万元的企业占14%；有研发费用的企业占调查企业数的22.1%，投入研发费用超过1 000万元的企业占4.9%，100万～1 000万元的企业占9.8%，如南华糖业、光隆光电、智神信息、市思奇通信、金福农业、桂林和记等一批民营企业通过技术创新或转型升级，积极开拓市场，保持了较快发展态势。

（四）规模以上非公工业对全区贡献继续下降

2017年，广西规模以上非公有制工业增加值占全部规模以上工业增加值的比重比2016年低5个百分点，为近6年最低；增速比全部规模以上工业增加值增速低1.6个百分点；贡献率从2015年的90.6%，下跌至2017年的53.5%。

（五）民间投资对全区的支撑作用逐年下降

从2015年开始，广西民间投资增速下行到广西平均增速之下，2017年民间投资增速仍比全区低4.3个百分点，占全部固定资产投资的比重也下滑至59.3%。

三、民营经济发展面临的困难和存在问题

（一）营商环境有待进一步优化

根据粤港澳大湾区研究院发布的2017年中国城市营商环境报告，在全国35个直辖市、副省级城市、省会城市排名中，广西南宁位列第27位，倒数第8。特别是营商软环境指数，南宁排在倒数第6位，与广州、南京等排名靠前的城市相比差距很大。虽然只是城市排名，但南宁作为广西的首府，一定程度上代表了广西的情况。

（二）民营企业得不到公平对待

一是行业垄断未打破。党的"十三五"规划建议中明确提出要打破行业垄断，然而政府相关部门并未制定具体的行业准入办法，民营企业难以进入。二是国有企业与民营企业机会不均等。国有企业有国家做后盾，融资相对容易，且成本低、风险小，地方政府更愿意与国企合作，甚至有些PPP项目专门为国企量身定做，民企很难参与。

（三）融资环境未得到根本性改善

一是贷款难。首先，金融机构为防范金融风险，不敢向民营企业提供贷款；其次，信贷授权授信制度与责任追究制使基层银行丧失了放贷的积极性；最后，金融机构网点收编导致信贷辐射面减少，造成信贷区域下降。二是直接融资难。我国资本市场起步较晚，为避免资本市场的风险，对民营企业向社会公开发行债券限制较多；能够进入证券市场的多是国有企业，民营和中小企业的上市困难重重。三是融资成本高。金融机构连续几年抽贷，有的大型国企转贷资金给配套民企，提高民企融资成本。四是融资风险大。很多亟须资金支持的小企业，因为无法获得银行贷款铤而走险，借民间高利贷，引发许多社会问题。

（四）实体企业综合成本高

一是经营成本高。2016年9月以来，原材料价格持续攀升，催生原材料、燃料、动力购进价格指数的提升，出现"剪刀差"的态势，约90%的行业原材料购进价格指数高于工业品出厂价格指数。二是人工成本上涨。各地最低工资标准的提高、企业加薪招人留人也推高企业的生产成本。三是部分企业税收成本增加。"营改增"后，建筑业、房地产业、金融业、保险业、医药行业、农产品加工业、住宿和餐饮等行业税负反而提高。四是社保成本增加。虽然政府出台政策降低了企业缴纳社会保险的比例，但是同时又逐年提高社会平均工资，拉高了员工的缴费基数，社保成本不降反升。

根据广西工商业联合会开展的民营企业运行情况调查，用工成本增加成为最大的共识，占60.7%，其次是政策扶持不够，占52.45%。此外，认为土地成本上涨和综合税负增加的分别占35.3%和25%。

（五）创新发展动力不足

民营企业多数基础薄弱，人才集聚环境较差，技术力量不足，在经济连年下行的情况下，多数实体企业利润空间压缩严重，甚至亏损，企业创新发展动力明显不足。广西工商业联合会开展的民营企业运行情况调查结果显示，企业营业收入同比下降的企业占51.6%；企业利润率为负数的占34.4%，利润率为0~5%的占25%。说明超过半数民营企业的营业收入未达到去年同期水平，近六成的企业不营利或处于微利状态，给企业创新研发和技术改革带来较大困难。

（六）对民营企业产权保护不到位

一是不同所有制经济产权保护不平等。国企和民企在金融信贷、税费征收、市场准入、土地利用等方面缺乏平等的产权保护制度。例如，国企欠银行贷款到期未还，可以有各种原因和理由拖延，而民企欠银行贷款到期未还，则可能被定成"诈骗罪"。二是公权力侵害民营企业产权的现象仍然存在。主要表现为行政不作为、超越范围行使职权、政府不履行招商引资承诺等。新官不理旧账，擅自毁约，给民营企业造成损失，又难以得到充分赔偿。

四、建议

（一）放开经营领域，拓宽民间资本投资渠道

一是给予民营企业和其他企业平等的创业生存和发展的权利。清查并取消对民营企业发展的所有歧视性规定，明确凡法律没有明令禁止的，都允许民营企业生产经营。同时，加大宣传力度，把清查结果和"法无禁止即可为"的理念通过各类主流媒体向社会进行宣传公告，给民营企业投资经营吃下"定心丸"。

二是打破行业垄断和所有制界限，鼓励和保障各类投资主体平等参与投资经营。支持鼓励社会资本参与基础设施、城市建设、电信运营、金融保险等领域的项目建设和经营，放开市政公用事业领域，鼓励民营企业在公证部门的监督下通过竞标取得交通运输、水电燃气、垃圾处理、市政设施维护保养等方面的经营权。

（二）加大金融财税扶持力度，拓宽融资渠道

一是大力发展非国家控股的股份制商业银行，改造现有城市商业银行，发展城乡信用合作社。对城乡合作金融机构提供必要的政策扶持，为其创造有利的外部经营环境。加快推进广西民营银行的组建工作。鼓励建立民间金融保险自助组织，让民营企业"抱团取暖"，减少对金融机构的依赖。尽快建立存款保险制度，保证城乡合作金融机构吸收存款的安全，增强存款人对城乡合作金融机构的信任度。

二是改善民营企业的融资环境。明确民营企业在各类金融机构在贷款政策、贷款利率上与其他企业享受同等待遇，在条件审查、办理程序上更加灵活便利。积极向民营企业宣传金融产品，提供结算、汇兑和财务管理等多种服务。积极创新金融产品，充分运用个人生产资料、财产所有权、财产使用权、企业经营权、知识产权、持有的股权、承包经营权以及其他可用于担保、抵押质押的财产或权益进行抵（质）押并经公证机关办理公证，赋予强

制执行等措施，扩大贷款范围和规模。

三是降低贫困地区企业上市门槛。建议结合广西扶贫攻坚战的紧迫形势，向中央申请适当降低贫困地区民营企业股票发行和上市门槛，为民营企业的股票发行和上市提供必需的市场条件。

四是创新融资担保方式。鼓励各种投资机构、金融机构吸纳民间资金组建商业担保机构，探索建立中小企业担保公司的风险机制和区、市、县三级担保体系，中小企业信用担保公司要从为企业提供直接担保逐步过渡为担保机构提供再担保。采取市、县政府出资入股扶持，县级政府组织社会融资和民营企业参股的方式，组建县级中小企业信用担保机构，并聘请职业经理或委托专业公司运作。

五是加大财税扶持力度。设立小微企业专项扶持基金，重点用于小微企业生产经营补助、融资贷款贴息、税收贡献奖励等。对民营企业投资经营高新技术、基础设施和公益项目，通过安排财政贴息、投资补贴、设立担保基金和提供风险投资支持等形式进行引导。建立公共产品的合理价格机制，采取价格补偿和财政补偿相结合的方式，保证社会资本投资基础设施项目的合理回报。民营企业固定资产折旧，以及用于扶贫、救灾、捐赠、希望工程、春蕾计划、光彩事业等社会公益事业的费用，按规定标准在税前列支。针对企业在技术、产品等方面的科研需求，制定科研投资税收优惠政策，或采取加速折旧、允许抵扣资本购进项目所含增值税税款等优惠措施。

六是建立信用管理体系。建议探索建立以民营企业、中介机构为主体，以信用登记、信用征用、信用评估、信用发布为主要内容的信用管理制度，建立专业信用评估机构，将自然人和机构的信用记录在案，作为企业和个人贷款发债、上市融资、参与政府项目投资、提供公共服务等方面的依据。

（三）鼓励创新发展，重点加大对中小科技型民营企业扶持力度

一是组建广西高质量农产品发展联盟。充分发挥广西山水土壤生态优势，将区内从事高端农产品生产、销售、研发、仓储物流等业务的相关企业、大学和科研院所组织起来，推动建立无激素、无抗生素、无农药、无化肥、无重金属的高质量农产品生产、销售全产业链的线上线下广西生鲜高端

品牌，共同开拓国内外高端市场，努力实现广西产品能够卖出好价格。

二是在用地、融资、物流、大型设备采购安装等方面对中小科技型民营企业给予支持。优先满足中小科技型民营企业生产、经营规模扩大的用地需求。鼓励银行设立科技金融专项贷款，加大专利质押贷款和知识产权贷款发放力度。对符合条件的创新型民营企业、高新技术企业、科技型中小企业，由政府提供融资担保，并在贷款利息、仓储物流、设备采购安装税费等方面给予支持。

三是大力宣传优秀企业和企业家。建议主流媒体加大对广西区内企业的新产品、新科技、新模式、新办法，以及传统企业转型升级在供给侧结构性改革和产业扶持中典型案例和实际效果进行收集整理，并分系列开展集中宣传，特别有代表性的，还要争取通过中央主流媒体进行报道，为广西的科技企业和企业家勇于创新、大胆尝试的精神站台鼓劲。

（四）搭建信息共享平台，为民营企业享受政策红利提供便利

一是专门针对民营企业建立政策信息共享平台，让民营企业能够及时、准确、充分地了解中央和地方出台的相关政策、规划、措施和意见。二是对已出台的各类优惠政策进行归类整理，对理解有难度或容易引起歧义的内容加入解释说明，并全部录入政策信息共享平台，便于企业理解和使用政策。

（五）树立法制思维，完善产权保护制度

一是建议通过自治区人大立法，出台投资服务和产权保护条例，避免"新官不理旧账"等问题的出现。明确私有财产权的保护包含市场经济发展的现实成果，征收私有财产必须给予充分补偿，不得擅自利用公权力采取强制措施，消除投资者的后顾之忧。二是营造保护产权的良好社会环境。建议各级司法机关建立常态化宣传机制，将案件审理的过程和结果不定期地向社会公开，并建立讨论平台，让社会大众参与评议，增强社会大众的法律意识和学法热情。

（六）探索建立广西营商环境第三方评估机制

聘请权威评估机构对全区所有设区市和县（市、区）营商环境及区直部门改善营商环境的工作状况进行评估，并将所有被评估对象的分数、排名和主要加扣分因素在主流媒体公布，对排名靠后或整改不力的地方或区直部门主要领导，由自治区党委、政府领导对其进行约谈，自治区党委督查室和政府督查室结合评估结果对各地、各部门改善营商环境政策的制定、落实和整改情况定期或不定期进行监督和汇报。

（执笔人：陈立，广西工商联研究室副主任）

2017—2018年海南省非公有制经济发展报告

摘要：2017—2018年全省非公经济产业结构不断优化，实现稳步发展。2018年上半年以来，全省非公经济市场主体稳步增加，非公经济市场主体新增占比达90%以上；非公经济税收保持高位，占全部税收总额的80%以上；非公有制企业成为外贸主力，占进出口总额的80%以上；非公经济成为技术创新先锋，发明专利占65%、技术创新占75%、新产品研发占80%以上；民间投资占全省固定资产投资总量的60%以上。在实现稳步发展的同时，海南省非公经济仍面临着诸多困难和障碍，需要以创新驱动为突破口，加快转型升级，解决发展中遇到的难题，构建更加公平高效务实的营商环境，才能抓住海南建设自贸区（港）的大好机遇，实现高质量发展。

关键词：海南　非公有制经济　发展　情况　报告

2017—2018年海南省非公经济稳步发展，经济整体实力有一定增长，产业结构不断优化，为全省经济增长、财政增收、就业增加和社会稳定发挥了重要作用。截至2018年上半年，海南省非公经济市场主体占比达95.70%，缴纳税收占比达82.03%，进出口占比达87.15%，民间投资占比为64.54%。2018年上半年海南省非公经济地区生产总值1 388.75亿元，同比增长4.6%，占比57%。其中，第一产业271.15亿元，同比增长4.0%，占比53%；第二产业318.57亿元，同比增长1.6%，占比62.8%；第三产业799.03亿元，同比增长6.0%，占比56.4%。

一、基本情况

（一）非公经济市场主体稳步增加

2018年上半年，海南省非公经济市场主体数量达671 749户（其中外资企业数量2 526户，私营企业数量190 241户，农民专业合作社数量16 756户，个体工商户数量达462 226户），占全省市场主体701 964户的95.70%。私营企业190 241户，占企业总量222 982户的85.32%，解决就业1 182 489人；个体工商户数量达462 226户，解决就业907 314人。全省市场主体新增66 478户，非公经济市场主体新增64 250户（其中外资企业新增134户，私营企业新增24 261户，农民专业合作社新增516户，个体工商户新增39 339户），占比达96.65%。私营企业新增24 261户，占比36.50%，解决就业133 003人，个体工商户新增39 339户，占比59.18%，解决就业111 692人。

（二）非公经济税收占比保持高位

2018年上半年，全省税收为797.93亿元，其中非公经济缴纳税收总额为654.54亿元，占全部税收总额的82.03%。

（三）非公经济成为我省外贸主力

2018年上半年，全省外贸企业进出口合计人民币314.07亿元，其中非公有制企业进出口273.70亿元，占进出口总额的87.15%。

（四）非公经济成为我省技术创新先锋

全省技术创新，非公经济发明专利占65%、技术创新占75%、新产品研发占80%以上。2018年上半年海南省企业主板上市31家，比去年新增2家；新三板39家，比去年新增9家。

（五）民间投资有所回落

2018年1—6月，海南民间投资完成1 078.17亿元，占全省固定资产投资总量1 670.66亿元的64.54%，同比下降1.4%，比第一季度下降8.4个百分点（主要是房地产业投资下降）。

二、存在的问题和困难

（一）增长方式没有根本转变，产业转型升级偏慢

一方面，产业层次不高，核心竞争力偏弱。海南省民营企业小、散、弱

特征较为明显，缺乏行业领军企业，在2017年全国民营企业500强中仅有海航集团和海马集团上榜。另一方面，房地产业比重较大。海南非公经济的占比看上去比较大，主要是因为外企和国企比例过低造成的，所以民企比例看上去比较高，但绝对贡献并不大。而且，非公经济中房地产企业比例比较大，对经济的持续贡献小，不可持续发展。2018年上半年，由于密集出台一系列调控政策，海南省房地产开发投资有所回落，导致海南省民间投资出现下降，房地产业民间投资占比由2017年的66.8%，下降到2018年上半年的64%。

（二）融资难、融资贵问题仍然十分突出

很多民营企业反映资金问题是影响企业实现高质量发展面临的最大难题。金融机构对中小微民营企业贷款仍存在较大的顾虑，惜贷现象严重，银行在贷款给民营企业时往往只注重抵押担保财务报表等指标，不考虑企业的成长性和企业家才能。此外，地方政府对鼓励银行支持中小微企业贷款的措施和手段有限，导致民营企业贷款难度依旧很大。

（三）人才短缺成为民营企业发展的一大掣肘

根据调查了解，很多企业在不同程度上面临着人才紧缺问题，有的是难以招到所需要的高层次创新人才，有的是人力资源成本太高给企业带来较重负担，有的是员工流动率太高，企业难以留住人才。

（四）发展要素缺乏保障，公共服务体系不健全

除了资金与人才压力外，很多民营企业反映目前负担依然较重，生产、税费、物流、人工等各项成本较高，部分企业还面临用地不足、信息化建设不足和制度性成本高等问题，对企业造成很大的生存压力，因此无暇顾及其他。同时，政府针对企业的公共服务体系效率低，难以真正从企业角度考虑问题，缺乏对企业高质量发展的有力支持和保障。

（五）营商环境还有很大提升空间

第一，民营企业获得资源的能力有限，尤其是在社会公共资源和金融

资源的获得上与国有企业相比存在较大的不公平。一些政策的支持对象往往不包含民营企业，如人才引进、资金补贴、技术转让等往往优先考虑国有企业。民营企业获得高质量发展所需的资源不足，获得的成本也很高，而国有企业往往容易获得过量的资源。这种资源配置的不平衡、不公平，限制了民营企业高质量发展的能力，也影响了非公经济人士的信心。

第二，部分行业对民间投资仍存在各种限制，民企进入电力、电信、交通、油气、市政公用、养老、教育等领域仍然存在各种不合理的限制和隐性壁垒，创新创业的市场准入还未完全打开，"玻璃门""弹簧门""旋转门"问题依然存在。

第三，一些涉企政策在落地、落细、落实及宣传方面也还存在问题，企业难以真正享受到政策红利，部分民营企业和民营企业家政策获得感不足。

第四，部分政府部门个别工作人员服务的意识较差，有些干部怕犯错误，对民营企业敬而远之，不敢为、不愿为、不作为现象时有出现，这在一定程度上也影响了企业家干事创业的热情。

三、建议和对策

（一）积极引导民营企业转型升级

第一，要着力解决转型问题。海南省工商业联合会与相关政府部门要以海南建设自由贸易试验区、自由贸易港和实现经济转型发展为契机，解决民营企业转型升级问题，采取积极有效措施，引导民营企业重点投向符合国家要求和海南特点的产业，如旅游业、现代服务业、高新技术产业，引导民营企业向这些产业进行转型升级。

第二，要努力为民营企业转型升级创造条件，大力推动民营企业转型升级政策落地、落细、落实，协调民营企业发展资金向产品创新、技术创新、管理创新、节约能源资源、减少污染排放和引进培育人才等方面倾斜。

第三，要引导民营企业主动实施以智能化为引领的创新驱动战略，自觉推动互联网、大数据、人工智能与企业生产经营深度融合，支持实体经济企业运用互联网、大数据、智能技术构建智慧型新兴实体企业，推动以制造业为重点的实体经济向集群化、智能化、绿色化、服务化转型发展。

第四，要引导民营企业牢固树立和全面践行"绿水青山就是金山银山"的理念，积极实施生态优先绿色发展战略，参与发展绿色低碳循环经济，按照"三去一降一补"的要求，研发运用绿色生产技术，走可持续发展道路。

第五，要引导民营企业着力发展实体经济。按照党的十九大关于"建设现代化经济体系，必须把发展经济的着力点放在实体经济上"的要求，进一步引导民营企业克服市场需求疲弱、实体经济盈利水平下降等困难，保持定力，坚守创业，加大科研开发资金投入和人才引进，提升自主创新能力。

第六，要引导广大民营企业家弘扬优秀企业家精神，充分发挥主体作用，主动树立高质量发展意识，顺势而为、发挥优势、开拓创新，探索出一条符合自身特色的高质量发展之路。

（二）帮助民营企业解决发展中遇到的难题

第一，要着力解决民营企业融资难问题。推动民营企业与金融机构建立转型升级沟通协调机制，完善银企对接平台服务功能，鼓励金融机构加大对优秀民营企业的信贷支持力度，降低科技型中小企业、实体经济企业和创新创业企业的融资成本。利用省中小企业发展专项资金等财政资金，在继续落实"政银担""政银保""政保贷"等的基础上，探索股权投资、基金、应收账款质押等新型小微企业融资方式。加大融资支持力度，支持民营企业上市，拓宽融资渠道。

第二，开展集中"引才引智"工作。深化人才发展体制机制改革，帮助企业吸引人才、留住人才、用好人才，实行更加积极、更加开放、更加有效的人才政策。高度重视企业人才引进工作，对民营企业引进的人才给予同公共机构和国有企业引入人才一样的安置和待遇，享受同样的扶持和补贴政策，对成功引入人才的民营企业给予同等奖励。

第三，进一步提高服务水平。建成运营省中小企业公共服务网络平台，为全省中小企业提供信息咨询、投融资、创业辅导、人员培训、技术创新和质量服务、管理咨询、市场开拓、法律咨询等多方面服务。培育认定一批省中小企业公共服务示范平台和小微企业创业创新示范基地，为中小微企业创业创新发展提供优质服务载体。

（三）构建公平高效务实的营商环境

第一，打造依法保护各类市场主体合法权益的法治环境。坚持依法执政、依法行政，通过加强法治政府建设、加强知识产权等企业权益保护、完善商事纠纷解决机制来营造公平正义的法治环境。坚持维护契约、公平竞争等基本导向，保障不同所有制企业在资质许可、政府采购、科技项目、标准制定等方面的公平待遇，坚决查处滥用行政权力排除和限制竞争的行为，使市场在资源配置中起决定性作用，给各类市场主体吃上"定心丸"。

第二，建设公平竞争的市场环境。进一步整顿和规范市场经济秩序，建立公平、有序的竞争市场。保护、鼓励和支持企业及其他经济实体的市场竞争活动，大力提倡企业及其他社会主体的自由竞争和公平竞争。加强各职能部门对市场运行情况的监管，加大不正当竞争行为的处罚力度，营造公平公正的市场环境。优化信用环境，不断推进社会诚信体系建设，努力减少商业欺诈、恶意拖欠及逃废债务等不法行为的发生。政府要提高公信力，带头守信用、讲诚信，切实改变招商引资中言而无信和公共服务中朝令夕改的行为。强化企业及企业家自觉遵纪守法意识，不做偷工减料、缺斤短两、以次充好等亏心事，能够主动抵制逃税漏税、走私贩私、制假贩假、污染环境、侵犯知识产权等违法行为，共同构建有利于企业经营的营商环境。

第三，进一步加强公共服务，营造优化营商环境的社会氛围。各部门要牢固树立服务意识，做好简政放权的"减法"、做强监管的"加法"和优化服务的"乘法"，更好发挥政府作用，以主动服务、优质服务为企业高质量发展创造条件。畅通政企沟通渠道，构建"亲""清"新型政商关系，明确政商交往"正面清单"和"负面清单"，着力破解"亲"而不"清"、"清"而不"亲"等问题。加强工作宣传和舆情引导，大力宣传优化营商环境的新思路、新举措和新成效，传播各级政府保障和促进优化营商环境的"好声音"和"正能量"，切实营造优化营商环境的社会氛围。

课题负责人：黄　琅

课题组成员（排名不分先后）：赵为慎　项　勇

2018年山东省民营经济发展报告

摘要：民营经济是山东未来发展的巨大"潜力板""绩优股"。随着山东省简政放权惠企政策落实，营商环境持续优化，2018年山东民营经济运行总体处于较好景气状态，呈现出平稳增长态势，民营经济景气指数稳中向好，企业创新强度持续加大，生产销售稳步提升，民营经济发展在全国处于领先地位。但运行压力依然较大，企业利润率与资金周转率下降，中小微企业融资难问题依然凸显，税负重现象依然严重，企业用工总量下降，产品库存高企，原材料成本上涨、人才短缺、融资困难、市场需求萎缩等问题比较突出。下一步，需要政府强化主动服务理念，提升服务深度，降低融资难度，加大扶持力度，完善制度供给，加强资源整合，汇聚更多资源助推山东民营经济实现高质量发展。

关键词：营商环境改善　创新强度加大　市场需求萎缩　主动服务　制度供给

民营经济和民营企业家都是山东发展的重要推动力，是改革开放的重要探路者，是社会主义市场经济的重要活力源。山东省民营经济贡献了全省50%以上的GDP，60%以上的投资，70%以上的税收，占市场主体的90%以上。2018年，全省实有民营经济市场主体9 119 079户，注册资本（金）207 697亿元，同比分别增长22.98%和20.5%。可以说，山东省民营经济发展空间巨大，拥有商机无限，除了全国性的改革红利、政策机遇外，还有拥有"四新"经济集聚发展、传统产业转型升级、打造对外开放新高地、海洋强省建设、打造乡村振兴齐鲁样板、军民深度融合发展、国企混合所有制改革、推动文化旅游康养融合发展、生态文明建设、加快基础设施建设等诸多机遇，可以说，民营经济是山东未来发展的巨大"潜力板""绩优股"。

2018年8月份，山东省工商业联合会开展了全省民营经济运行监测调查工作，共调查1 761家民营企业，其中，大型、中型、小型和微型企业占比分别为9.26%、25.33%、55.42%、9.99%，此外，第一产业、第二产业、第三产业和多元化经营的企业占比分别为11.30%、60.31%、18.80%、9.59%。调查显示，2018年山东省民营经济运行总体处于较好状态，且呈现出平稳增长态势，在全国处于领先地位，但较浙江省仍存有一定差距。

GDP中民营经济增加值一项，山东省与广东、江苏两省差距都在万亿元以上；私营企业数量一项，山东省有220.1万个，浙江有395.64万个；2017年"中国民营企业500强"数量一项，山东省只有57家，不及浙江的一半；上市公司数量一项，山东省仅有185家，约为广东的1/3、江苏的1/2，苏州工业园区的"新三板"企业数量就超过山东全省数量的1/6；国家级高新技术企业数量一项，山东省仅有4 246家，仅为广东的1/8；每万人发明专利拥有量方面，山东省只有7.57项，仅为江苏的1/3（见表1）。

表1　2017年广东、浙江、江苏、山东民营经济发展有关数据对比表

项　目		广东	浙江	江苏	山东
GDP中民营经济增加值（万亿）		4.8	3.4	4.76	3.69
民营经济增加值占GDP比重（%）		53.39	65.64	55.41	50.76
民营经济单位数	私营企业数（万个）	191.2	395.64	258.6	220.1
	个体工商户（万个）	427	615.51	510.4	544.1
民间投资（亿元）		23 158.46	18 146.46	37 485.5	40 482.8
中国民营企业500强数		60	120	82	57
上市公司数		541	382	359	185
国家级高新技术企业数		33 356	9 174	13 278	4 246
每万人发明专利拥有量		19	19.7	22.5	7.57
"独角兽"企业数		14	18	7	0

一、2018年山东省民营经济运行特点

（一）简政放权惠企政策落实，营商环境持续优化

近年来，山东省委、省政府高度重视民营经济发展，出台了一系列促进山东省民营经济发展的政策措施。2017年9月，中共山东省委、省政府发

布《关于支持非公有制经济健康发展的十条意见》，确保非公有制经济在经济持续发展中发挥重要支撑作用。积极落实《中共中央国务院关于营造企业家健康成长环境弘扬优秀企业家精神更好发挥企业家作用的意见》，充分发挥企业家在非公有制经济发展当中的作用。2018年，山东省营商环境不断优化，"放管服"改革与招商引资、招才引智等政策的推行，为山东民营企业的发展奠定了良好的外部基础。特别是有简政放权、减税降费等一系列政策措施的持续实施，努力营造国内领先的营商环境，注重充分释放民间资本潜力，有力地促进了全省民营经济的发展。山东省民营企业在营业收入、新增境内投资、新增境外投资、企业出口额等指数方面均有小幅增加，同时缴税金额指数、原材料成本、用工成本、能源成本、环保治理成本均有所降低。充分表明山东省减税降费等惠企政策落实良好，营商环境进一步改善，从而使得企业生产成本有所降低，企业投资意愿进一步增强。需要指出的是，山东省企业生产各项成本指数虽然较浙江、江苏、广东均有一定的竞争优势，但是均高于全国平均水平，因此还有较大潜力可挖，后续在营商环境改善方面还需进一步提高。

（二）民营经济景气指数稳中向好，但市场预期谨慎乐观

2018年，山东省入选中国民营企业500强企业数量创历史新高，凸显了山东省民营经济在供给侧结构性改革中的重要地位。据《2018中国民营企业500强调研分析报告》显示，山东省共73家民营企业入围中国民营企业500强，占500强榜单数量的14.6%，比2017年增加15家，增加了25.86%。与此同时，山东省入围中国500强的民营企业数量超越广东省，位居第三名，仅次于浙江省和江苏省。浙江省入围企业为93家，与上一年相比减少27家，减少了22.50%；江苏省入围企业为86家，比2016年增加4家，增长了4.88%；广东省入围企业60家，比上一年增加1家，增加了1.69%。入选企业2017年度营业收入总额31 767.03亿元，占500强营收总额的12.98%。山东在2017年民营企业500强总营收中占比居于第四位，仅次于江苏省、广东省、浙江省。入选企业中，营业收入超过500亿元的达到17家，占到山东省入选企业的23.29%，较2016年增加6家。与2017年入选企业21 959.26亿元的营收总额相比，2018年山

东省入选企业营收总额持续突破，打破2017年浙、苏、粤三省入围民营企业的营业总额占所有500强民营企业的比重均超过17%、三者相加占总榜的半壁江山的局面。总体而言，山东省入选企业数量有显著提升，但入选企业在个体规模、研发投入等方面仍存在一定差距。山东省入选企业中营业收入过千亿元的企业仅2家，远低于广东、江苏等省份。企业平均研发费用占营业收入的比重不足2%，仅有16家企业研发费用超过营业收入的3%。同时，受中美贸易摩擦、国际国内环境不确定性影响，市场预期有所下降，表明当前民营企业家对明年经济发展走势看法更加谨慎，市场预期有所降低。与江苏、浙江、广东以及全国平均景气指数比较，山东省在民营企业经营状态指数、技术创新指数、生产指数、销售指数、市场预期指数均明显高于江苏省、广东省以及全国平均水平，但较浙江省均有较大差距；在生产成本指数方面，山东省与江苏省持平，且高于广东省以及全国平均水平，但明显低于浙江省；调查表明山东省民营企业经营环境优于全国平均水平，但是较浙江省等民营经济发达地区还存在较大的差距。

（三）企业创新强度持续加大，生产销售稳步提升

随着山东省创新驱动发展战略的实施，民营企业研发投入强度持续加大，与去年相比略有提升。另外，在新兴经济快速发展的背景下，山东省在电子信息、生物工程、新医药、新材料等领域涌现出一大批具有自主知识产权和领先技术水平的高新技术企业，传统产业呈现出加快升级，经济新动能提升明显，表现为企业主要产品订单量指数、主要产品产量指数、设备利用率指数、主要产品销售价格指数、主要产品销售量指数均有所提升，表明当前山东省民营经济活力十足，延续总体平稳、稳中向好的发展态势。需要指出的是，山东省企业创新指数、生产指数、销售指数、成本指数均超过江苏省、广东省以及全国平均水平，但是与浙江省相比，仍然存在较大差距，后续在企业创新能力提升方面还需进一步提高。

二、山东省民营经济发展面临的突出问题

虽然山东省民营经济总体呈现稳中向好的发展态势，但运行压力依然较

大，存在的一些问题需要引起高度关注。

（一）企业利润率与资金周转率下降，负债率攀升

在山东省民营企业营业收入持续增加、营商环境持续优化、生产成本不断降低的背景下，企业净利润率以及资金周转率指数有所降低，企业负债率指数不断攀升（见图1），表明企业债务资金增加、财务风险加剧，容易导致资金链断裂，从而出现企业破产。究其原因，企业运营成本增加，物流成本提升对企业盈利能力与利润水平冲击较大，因此必须积极稳妥推动企业降杠杆、减负债工作，强化内部管理、优化企业资本结构、充实企业资本规模、管控好企业债务风险，防范由此带来金融风险。

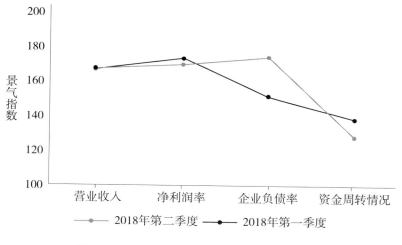

图1 2018年山东省民营企业资金景气指数

（二）中小微企业融资难问题依然凸显，税负重现象依然严重

在调研中发现，从融资规模看，新增融资同比明显减少。据统计，截至2018年8月末，山东全省民营企业贷款余额为23 557亿元，占全部企业贷款余额的24.44%；截至6月末，全省企业贷款总量仅新增了2 267.24亿元，较去年同期少增555.39亿元，同比下降了19.7%。从表外融资看，在严监管政策背景下，山东省表外融资余额比年初减少1 153亿元，同比多降2 943亿元。从债券

融资看，上半年非金融企业发行债券2 094亿元，到期兑付2 004亿元，债券净融资增加90亿元；截至6月末，全省非金融企业存续债券1 128支、金额9 171.12亿元，占全国比重分别为5.06%、6.03%，较2017年年末分别下降0.13个百分点、0.06个百分点。从股票融资看，2018年上半年股票融资197.1亿元，同比下降82.9%；仅有1家主板过会企业，无新增首发上市企业。从融资渠道看，银行信贷仍然是主渠道（见图2）。2018年上半年，根据省中小企业局的调研，176家样本企业融资总额436.36亿元，其中银行贷款341.41亿元，占比为78.2%，仍然是企业融资的主要渠道，但是同比下降了2.93个百分点。此外，债券融资、股权融资等直接融资60.44亿元，占比为13.9%，同比下降了0.56个百分点。在此情况下，样本企业迫不得已转向其他高成本渠道，从融资租赁、小额贷款公司等渠道融资34.51亿元，占比为7.9%，同比上升了3.49个百分点。从融资主体看，大型企业融资优势明显。省中小企业局176家样本

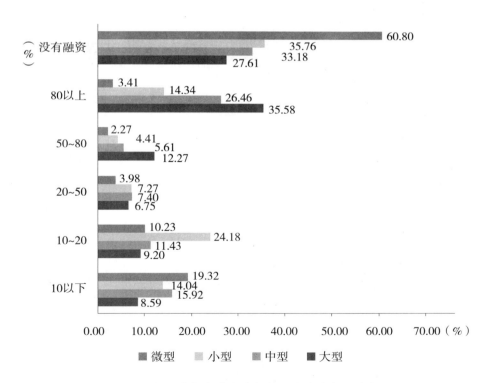

图2　2018年上半年各类企业银行融资占全部融资额比重

企业中，大型企业数量占11.4%，2018年上半年融资总额268.26亿元，占比为61.5%，100%获得银行贷款，平均贷款利率为5.15%，低于样本企业平均水平（加权平均贷款利率为5.4%）0.25个百分点；中型企业数量占44.3%，2018年上半年融资总额150亿元，占比为34.4%，其中73.1%企业获得银行贷款，平均贷款利率为5.74%，高于样本企业平均水平0.34个百分点；小微型企业数量占44.3%，2018年上半年融资总额18.1亿元，占比仅为4.1%，其中只有48.7%企业获得银行贷款，平均贷款利率为5.85%，高于大型企业平均水平0.7个百分点。从企业规模上看，山东省中、小、微企业无法得到银行融资的占比超过1/3，在得到银行融资的中小微企业中，融资利率超过10%的占比达到25%左右，明显高于大型企业（见图3）。另外，在企业税费负担上，超过1/3的小型企业税负率超过10%，明显高于较其他类型企业（见图4）。因此增加中小微企业的融资渠道，降低中小微企业融资成本，减少企业税费负担是当前民营企业亟待解决的实际困难。

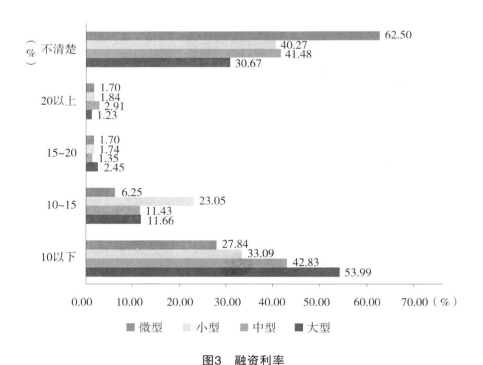

图3　融资利率

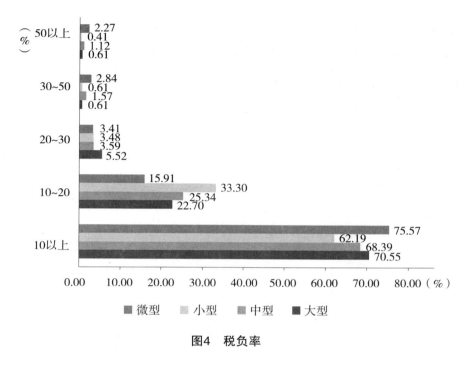

图4 税负率

（三）企业用工总量下降，产品库存高企

在山东省全面展开新旧动能转换重大工程，加快转变经济发展方式、调整产业结构，推动传统产业提层次、强实力。山东省民营企业加大对低端劳动密集型产业进行技术升级改造，因此全省企业用工总量指数较去年有所下降，同时随着企业产能增加，企业库存积压上升，产品库存指数有所增加，高于全国平均水平。因此必须以供给侧结构性改革为主线,聚焦聚力高质量发展，"去库存、去产能、去杠杆、降成本"，持续加强经济结构调整。

总的来讲，当前山东省民营企业发展中遇到的主要困难表现为：原材料成本上涨、人才短缺、融资困难、市场需求萎缩以及企业税费负担重，其中最突出的困难为原材料成本上涨和人才短缺问题，占比分别约达54%和44%；其次，融资难、市场需求萎缩以及企业税费负担重问题，占比分别约达30%、22%和17%（见图5）。从产业类型来看，各类企业面临的困难具有一定差异性，第一产业和第二产业原材料成本问题最为突出，占比高达60%左右，而第三产业和多元化经营的企业面临的最主要的困难为人才短缺问题，占比高达50%左右（见图6）。从企业规模来看，当前山东省中小微企业融资难、融资贵问题较为突出，其中大、中型企业受融资难问题困扰影响较大，而微型企业对市场需求萎缩更为敏感（见图7）。

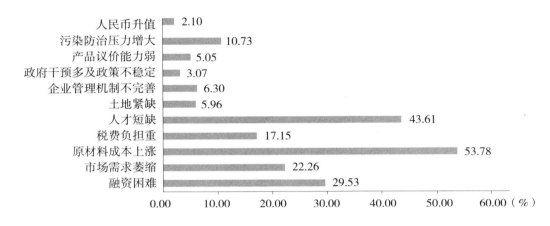

图5　山东省民营企业发展中遇到的主要困难

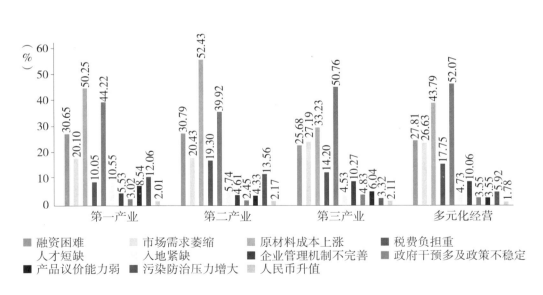

图6　从产业类型看山东省民营企业发展中的主要困难

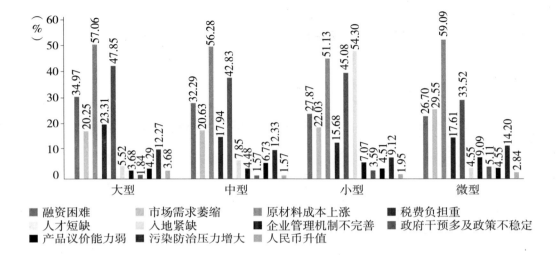

融资困难　　市场需求萎缩　　原材料成本上涨　　税费负担重
人才短缺　　入地紧缺　　企业管理机制不完善　　政府干预多及政策不稳定
产品议价能力弱　　污染防治压力增大　　人民币升值

图7　从企业规模看山东省民营企业发展中遇到的主要困难

三、现阶段山东省民营企业对政府政策、服务的相关建议

现阶段山东省企业最希望政府实施的政策、加强的服务及相关建议中减税降费相关政策所占的比例最高，占比约达56%；其次是改善政府服务，营造宽松的用工政策以及缓解小微企业融资难相关政策等三项占比基本相当，均约为37%左右；另外，对于刺激消费政策、扩大投资政策两项建议占比大致相同，年均为27%左右（见图8）。从产业类型来看，第一产业对更宽松的用工政策和改善政府服务，营造宽松环境相关政策的关注度最高，占比达到44%。第二产业、第三产业和多元化经营企业对减税降费相关政策呼声最高，尤其是第二产业高达61%（见图9）。从企业规模来看，大、中、小、微型企业在关注政府实施减税降费相关政策的同时，小微企业更关注刺激消费政策和缓解小微型企业融资难问题，大中型企业更关注用工政策以及改善政府服务，营造宽松营商环境问题（见图10）。

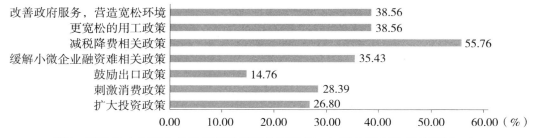

图8　现阶段山东省企业最希望政府实施的政策、加强的服务及相关建议

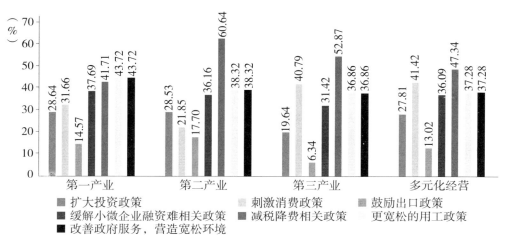

图9　从产业类型来看现阶段山东省企业最希望政府实施的政策、加强的服务及相关建议

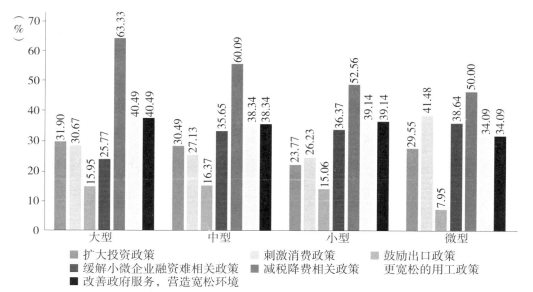

图10　从产业规模来看现阶段山东省企业最希望政府实施的政策、加强的服务及相关建议

因此，针对山东省民营企业发展中遇到的主要困难以及企业对政府实施的政策、加强的服务的期望，建议：

（一）提升服务深度

坚持服务型政府的理念，按照"更少干预、更多支持"的原则，进一步强化主动服务理念，完善制度供给，从政策支持转向制度保障。营造支持民营企业平等、公平发展的社会氛围。支持民营企业公平享受各项企业扶持政策，公平获取各类社会资源，公平参与各类重大项目。进一步营造支持民营企业发展的良性舆论环境。建议：一是持续深化放管服改革。推进联审联办改革、全省政务服务"一网通"和"一口受理""一窗办理"；推进"数字政府"改革建设，重点推进管理体制、运作模式改革和数据资源整合；尽快制订实施市场准入"负面清单"和投资项目管理"负面清单"，降低民间资本注入门槛，提高投资便利化程度，不断激发民间投资活力。二是搭建各类服务平台。为广大民营企业搭建信息咨询、财税金融、人才培训、创业辅导、市场开拓、法律服务等通用型公共服务平台，在产业集群内建设提供研发设计、检验检测、认证评估等专业型公共服务平台，通过购买服务、委托服务等方式，由协会商会、科研院所、服务机构等提供服务，充分发挥他们的专业能力。加大扶持力度、扩大服务广度，助力民营企业破解发展中遇到的困难问题。三是真正实现"一视同仁"。对民营企业，要像对待国有企业一样关心，像对待大企业一样支持。要清除各种"玻璃门""弹簧门""旋转门"等障碍，就山东省民营企业家普遍反映的一些地区差异、不平等问题，通过实地调研，进一步调整现有不尽合理的政策法规，营造更加公平的市场环境。充分认识民营企业的社会效应，像尊重科学家一样尊重企业家。对优秀民营企业的典型做法，要加强总结推广，发挥标杆示范作用；对优秀企业家的先进事迹，加强宣传报道，营造全社会崇商、敬商、重商的氛围。

（二）降低融资难度

政府和银行合力，以有效减少贷款短期化带来的人为频繁"倒贷"以及倒贷压力大的问题；国有银行尽快改进信贷管理系统，对符合条件的小微企业新贷款结清原有贷款的无还本续贷，列入正常贷款，解决无还本续贷"肠梗阻"问题，实现周转性资金无缝衔接，破解过桥成本高和续贷时间长的顽疾。建议扩大无还本续贷范围。根据党的十九大报告的要求，应借鉴过去的做法和发达国家与地区的先进经验，对先进制造业和传统产业进行优化升级，将符合条件的企业借新还旧列入正常贷款，真正发挥金融支持实体经济作用；政府担保机构要坚持政策性功能定位。一是逆行操作。在经济下行期，政府性担保公司要逆行操作，扩大中小微企业担保业务总量；二是对小微企业原则上采取信用担保，尤其是首贷户，先从增量上解决互保风险问题；三是加大中期担保比重；四是开展直接担保业务；五是不收取保证金，费率优惠；六是政府性担保机构不考核利润，落实尽职免责制度；设立中小企业信保基金。在大力推进"政银保"的模式下，建议对接国家信用担保基金，借鉴台湾和温州信保基金经验，引导省担保基金重点支持融资担保机构，加强对小微企业的服务；大力发展地方性银行和民营社区银行，并且业务范围要和国有银行一视同仁。中小企业与中小银行有着天然的共生关系，共同打造与本地经济形成良性互动的生态圈是解决融资难题的长久治本之策。在保障金融安全的前提下，建议每个县区市发展多家民营社区银行，专营中小微企业存贷款业务。大力推动乡镇银行的发展。不建议地方性银行跨区域发展，使其专注于本地经济的发展。鼓励更多的民营企业参与社区银行和地区银行；大力发展完善信用监管机制。加快全国统一（金融）信用体系的建设步伐，并将民间金融机构纳入信用体系之中，将企业信用情况透明化，降低银行信贷风险，利用大数据大力推动信用贷款的比重，这对改善现在的融资机构和融资成本将起到战略性作用；建立银行、债券发行机构等金融机构互认的信用评价机制，这对促进统一金融市场的形成将起到关键性作用。改善贷款结构比例。从国家层面，大力推行中长期贷款，改善"短贷长用"带来的企业资金链断裂问题，促进企业项目投资，改善流动资金状况。逐步加大信用贷款比例和授信期限，授信期限要符合不同行业的规律和需求，在授信期限和额度内可循环使用。禁止目前每年借新还旧的做法；加快建设全国范围内的资产交易平台。平台涵盖各类有形资产、无形资产的交易，重点致力于建立健全有关无形资产（如知识产权等）的确权、评估、流转、处置制度，以增强该类资产的流动性，拓宽银行抵质押物范围，改善融资难困境；最大化发挥政府性担保机构作用，增强担保公司专业性，降低担保风险，促进企业与银行之间的信任合作；着力改革银行的考核机制。层层审批和终身追究的规定，严重降低了贷款审批效率，压制了银行基层和员工的热情与活力。建议试点将目前国有银行的治理结构改为控股公司，将各级银行改为独立的法人，吸收更多的社会资本进入，以更好地激发银行活力，更好地促进实体经济和区域经济深度融合；加快"费改税"步伐，减轻企业负担。对各项收费该取消的取消，可以改为税的尽快开征相应的税种，其余的合并成一种费，由税务部门负责征收，从而减轻企业负担。

（三）加大扶持强度

通过财政继续做减法，既通过减税、减费，减轻民营企业的税负水平，降低民营企业"五险一金"有关缴费比例；解决税负在不同企业、不同行业和不同地区间的结构性失衡问题，实现税收的横向与纵向公平；通过有明确导向的财税政策，鼓励民营企业更加积极地开展研发创新和技术升级，支持民营企业积极参与国家科技计划、重大科技项目。扶持民营企业加大科技投入，并成为推进山东经济转型升级的重要驱动力。建立面向民营企业转型升级基金等方式，支持民营企业的转型升级项目，扶持科技含量高、发展前景好、具有明显带动作用和示范作用的重大项目和符合国家产业政策的重点行业的民营企业转型升级；加快高校培养复合型、创新型人才，加强职业教育和技能培训，重视培养职业工人和技能。

课题负责人：高洪岩

课题组成员（排名不分先后）：于宝莲　张小菲　高贵志

厉桦南　郭　冕

执笔：高贵志

2018年西藏自治区民营经济发展报告

摘要：2018年，西藏工商联各项事业取得新进展，民营经济保持高位运行，招商引资保持高位推动，民间投资止跌回升，呈现出蓬勃发展的良好态势。西藏采取努力优化发展环境、服务非公经济发展、提振企业发展信心、参与招商引资活动、着力破解民营企业招聘难问题等政策措施做了大量卓有成效的工作，同时圆满举行了工商联系统对口援藏工作座谈会暨精准扶贫西藏行。目前，西藏民营经济仍面临政策落实有待加强、发展环境仍需优化、要素瓶颈问题较为突出、企业竞争力普遍不强等困难及问题。下一步，西藏将通过加强组织领导，形成强大合力；狠抓政策落实，进一步优化营商环境；破解发展难题，提振企业发展信心；保护合法权益，弘扬企业家精神等措施进一步推动西藏民营经济持续健康发展。

关键词：民营经济　营商环境　发展信心　政策措施

2018年，我们紧紧围绕自治区党委、政府中心工作，奋力推进"两个健康"，工商联统战性、经济性、民间性"三性"有机统一的基本特征更加凸显，凝聚力、影响力、执行力显著增强，各项事业取得新进展。西藏自治区民营经济保持高位运行，招商引资保持高位推动，民间投资止跌回升，增速达到全国最高，呈现出蓬勃发展的良好态势。

一、民营经济发展情况

根据统计数据显示，截至2018年年底，全区非公经济市场主体27.5万户，同比增长20.87%，占全区市场主体96.32%；注册资本（金）7 764.56亿元，同比增长21.52%，占全区60.05%；从业人员125.34万人，占全区就业人口96.38%。全区招商引资项目1 450个，累计到位资金630.79亿元，同比增长38.8%。全区民间投资增长28.6%，居全国第一位，高于全区投资增速18.8个百分点，为全区固定资产投资保持稳定增长做出了重要贡献。

二、主要做法

（一）努力优化发展环境

区党委、政府及时调整充实了自治区非公经济工作领导小组，由区党委副书记、自治区常务副主席庄严同志担任领导小组组长，各市地相续成立了领导小组。自治区领导小组连续召开10次会议，研究措施、督促落实，形成了上下联动、左右配合的工作机制，保障了工作的常态化、长效化。在以实施"八大工程"为抓手的一系列政策举措的基础上，先后研究出台了《促进非公经济健康发展的若干意见》《激发民间投资活力促进经济持续健康发展的实施意见》《党政领导干部联系民营企业制度》《招商引资目标责任考核办法》《招商引资优惠政策》《招商引资扶持方案》等一系列促进非公经济健康发展的政策文件，顶层设计基本完成，为非公经济健康发展提供了有力的政策支撑。通过查阅资料、收集部门文件等方式，梳理汇总2011年来自治区党委、政府和区（中）直相关部门出台的有关促进非公经济发展的政策性文件，梳理汇总97份政策文件，即将编印《西藏自治区促进非公经济发展政策文件汇编（2011年—2018年）》，为企业发展提供全方位政策服务。深化"放管服"改革，深化商事制度改革。

（二）服务非公经济发展

深入民营企业了解非公经济发展情况、民间投资情况、招商引资情况，以及民营企业反映强烈的突出问题，认真研究促进非公经济发展的相关政策，进一步激发民间投资活力。积极搭建银企对接平台，破解民营企业融资难、融资贵问题。加强与人民银行拉萨中心支行、中国银行西藏分行、建行银行西藏分行、邮储银行西藏分行等部门多方协调，共同组织举办金融促进非公经济发展推介会、融资贷款对接会、普惠金融产品推介会和银企对接会等活动，向民营企业宣传金融产品和金融政策知识，打造民营企业融资服务平台。稳步推进民营企业调查点工作，自治区及市（地）级执委、理事企业入库300多家，依托全国工商联民营企业调查系统，首次开展了全区营商环境评价调查，按照全联要求完成4次民营企业运行状况调查工作，综合入库率达到70%以上，综合填报率达到60%以上。积极参与法制宣传日活动，积极反映企业的合法诉求，维护民营企业的合法权益。在西藏民族大学成功举办全区工商联系统干部及非公经济组织管理人员第二期法律培训班，会同自治区国税局联合举办税收政策培训。正视民营企业遇到的困难和问题，充分发挥工商联桥梁纽带作用，先后为西藏力泰公司等几十家企业协调解决问题，得到民营企业高度赞扬。

（三）提振企业发展信心

以"不忘创业初心、接力改革伟业"为主题，通过组织培训、专题讲座等形式多样的学习活动，继续深入开展理想信念教育活动，不断提高工商联干部和非公经济人士素质，促进非公经济人士健康成长，不断增强对中国特色社会主义的信念、对党和政府的信任、对企业发展的信心、对社会的信誉。在2018年10月20日习近平总书记向民营企业家回信和11月1日全国民营企业座谈会召开后，区工商联立即召开专题会，传达学习民营企业家学习习近平总书记重要回信精神和在民营企业座谈会上的讲话精神，组织民营企业家谈心得谈体会，进一步提振民营企业发展信心和决心。2018年11月15日，西藏召开民营企业座谈会，区党委书记吴英杰、自治区主席齐扎拉出席会议并讲话，会议听取了民营企业在经营发展中遇到的困难问题，广泛征求民营企业意见建议，并就促进民营经济发展工作做了安排部署。区工商联联合区税务、司法、人民银行等部门，召开民营企业家专题座谈会，就税收、法律维权和融资问题与民营企业座谈。同时，区非公领导小组和区工商联要求区直各职能部门、市地工商联和会员企业、商协会迅速组织学习贯彻，在全区迅速掀起学习高潮。

（四）参与招商引资活动

根据藏博会组委会的安排，区工商联承担了招商引资推介工作，我们提前谋划，切实加强与各市地的密切配合。主动"走出去"招商引资，2018年7

月至8月，在全国工商联的大力支持下，西藏自治区7名省级领导带队，赴17个对口援藏省市和四川省举办20余场招商引资推介会，成功洽谈对接项目180个，协议投资580亿元。本届藏博会共签约合同项目108个，总投资达540.82亿元；民营企业签订合同项目81个，投资达337亿元（其中区工商联招商引资签约项目2个，投资31.8亿元）。

（五）着力破解民营企业招聘难问题

大力宣传自治区《关于促进高校毕业生就业创业的若干意见》，积极参与开展就业政策进校园活动，引导高校毕业生树立多渠道就业观念。发出《民营企业承担社会责任吸纳大学生就业倡议书》，动员他们积极吸纳高校毕业生就业。选派一名干部到自治区高校毕业生就业工作联席会议扎实开展企业岗位统计工作。深入民营企业进行对接，了解企业招聘岗位需求和高校毕业生稳岗情况，宣传就业政策，提供协调服务，帮助企业落实相关优惠政策，及时解决高校毕业生在民营企业就业过程中遇到的困难和问题，积极营造非公经济领域关心就业、促进就业的良好氛围。积极配合人社、教育等部门，组织动员近200家民营企业参加高校毕业生就业服务月专场招聘会暨第五届大中城市联合招聘会、西藏民族大学专场招聘会等大型招聘活动，提供2 000余个就业岗位，几百名学生与企业达成就业意向。据不完全统计，2018年全区民营企业解决西藏籍高校毕业生就业3 900余人，其中通过人才市场就业1 967人、灵活就业2 000多人。

（六）圆满举行工商联系统对口援藏工作座谈会暨精准扶贫西藏行

在自治区党委、政府和全国工商联的高度重视、亲切关心和大力支持下，圆满举行了工商联系统对口援藏工作座谈会暨精准扶贫西藏行。中央统战部副部长、全国工商联党组书记、常务副主席徐乐江，区党委书记吴英杰发表重要讲话，徐乐江书记和区党委副书记、自治区主席齐扎拉共同签订了《全国工商联与西藏自治区人民政府战略合作框架协议》，17个对口援藏省市工商联与7市地工商联签订了对口支援合作协议。举行了招商引资和精准扶贫项目协议签约，共签订40个项目，投资182.54亿元。广东长隆集团向西藏自治区捐赠精准扶贫、生态保护、生态旅游资金1亿元，郑州医美集团向山南市捐赠200台慢性疾病物理治疗器械，价值596万元。自治区工商联向大会汇报了近年来受援工作情况，北京市、上海市、广东省工商联代表作交流发言。

三、面临的困难和问题

（一）政策落实有待加强

由于优惠扶持政策宣传力度不够，存在遗漏死角，导致民营企业对政策知晓率偏低。对非公经济的不合理规定没有完全废除，不能与公有制经济做到权利平等、机会平等、规则平等。政策措施存在针对性不强、突破性不够，隐性壁垒、"玻璃门""弹簧门""旋转门"现象依然存在。政策措施上存在打折扣、搞变通，存在"明放暗不放""起步慢""行动缓""刹车急"的问题，执行行政命令随意性较大。

（二）发展环境仍需优化

一是权限下放不够。审批环节较多，重要事项或项目仍要区、地、县三级层层审批。二是服务非公经济发展意识不强。面向非公经济企业的人才培训、信息咨询、技术服务、融资服务、品牌建设等社会化服务仍然不到位，重管理轻服务、重检查轻激励、重处罚轻引导现象仍然存在。三是办事效率低下，慢作为、懒作为、不作为情况时有发生。四是在执行"营改增"之后，部分行业（如建筑业、再生资源回收行业和劳务产业企业）因进项无法取得专用发票，企业负担依然较重。水费、电费等使用成本相对较高。

（三）要素瓶颈问题较为突出

人才和资金是制约西藏非公经济发展的主要因素。由于西藏高寒缺氧，经济不发达，民营企业普遍存在人才资源匮乏现象，西藏大中专毕业生不愿到民营企业工作，民营企业管理人才、技术人才和其他专门人才短缺。在资金上，西藏民营企业多为中小微企业，自身实力弱，融资渠道窄、融资难问题较为突出。

（四）企业竞争力普遍不强

一是企业家素质低，内部管理不善。企业经营者缺乏现代企业管理理念和知识，管理方式较为粗放，在资本运营、技术创新、做大做强上往往力不从心，相当一部分企业家存在着小富即安的思想，缺乏干一番大事业的信心和决心。二是企业战略意识差。大部分民营企业战略定位比较模糊，缺乏长远发展规划，盲目性扩展。三是产品推销渠道不畅。大多数民营企业仍处于自产自销的阶段，营销渠道狭窄；有些企业质量和品牌意识差，产品科技含量低，市场分析缺失，产品得不到市场认可。

四、下一步主要工作

（一）加强组织领导，形成强大合力

加强联络协调服务，建立健全各级党政领导联系民营企业制度和民营经济工作领导小组联席会议制度，加强对民间投资优惠政策的宣传，打造良好投资营商环境。筹办好非公经济工作领导小组会议，定期或不定期召开专题会议，研究解决民营经济发展中的重大问题，发挥牵总作用，统筹协调推进全区民营经济发展工作。

（二）狠抓政策落实，进一步优化营商环境

加大政策宣传力度，重点推广和宣传《西藏自治区促进非公经济发展政策文件汇编（2011年—2018年）》，做好政策解读，进一步提高民营企业发展优惠政策普及率和知晓率。进一步细化、量化政策措施，制订相关配套举措，推动各项政策落地、落细、落实。借助非公经济工作领导小组，彻底打破"玻璃门"，按照"非禁即入""非限即准"的原则，真正对非公经济放开投资领域、放低创业门槛、放宽准入条件、放活经营方式，建立自治区有关行业负面清单，营造法无禁止即可为的良好发展条件。开展营商环境第三方机构评估工作，通过评估，发现营商环境建设中存在的问题和不足，并以

问题为导向，营造稳定、公平、透明、可预期的营商环境。建立跟踪督办机制，严肃查处违纪违规行为，确保政策不折不扣落地见效，切实提高企业政策获得感。

（三）破解发展难题，提振企业发展信心

落实党政领导干部联系民营企业制度，深入企业调研，了解民营企业发展中遇到的困难和问题，帮助民营企业排忧解难。进一步深化与人民银行、金融办和在藏分支银行等机构的沟通、合作，加强担保体系和信用评级体系建设，积极搭建政企、银企对接平台，推进多层次多形式的融资对接活动，切实解决民营企业融资难、融资贵问题。积极推动设立扶持民营企业发展专项资金，用活用好资金政策，加大政策性资金支持力度。同时，要加强与人社、教育等部门合作，采取举办大型人才交流会、高校专场招聘会等措施搭建企业人才招聘平台，完善落实民营企业专业技术人才职称特别是高级职称评定工作，加快企业紧缺人才引进力度。重视非公有制企业家接班人的教育培养，努力提高企业经营管理能力，发展企业先进文化，培育一支非公有制企业后备人才队伍。

（四）保护合法权益，弘扬企业家精神

依法监督、指导非公经济组织维护从业人员的合法权益，规范工资支付行为，建立职工工资正常增长机制。教育引导非公经济组织及其从业人员要依法参加基本养老、基本医疗和工伤、生育、失业等各项社会保险，按时足额缴纳各项社会保险费。大力宣传民营企业对自治区经济社会发展做出的重大贡献，树立和宣传一批企业家先进典型，在全社会形成尊重企业家、理解企业家、关怀企业家、支持企业家的社会氛围。

课题组负责人：刘炳行
课题组成员（排名不分先后）：马亭强　山万斌